TIM und MARGA RUPERTI

Junger Hund – was nun?

Die Erziehung junger Hunde

5. Auflage
84 Federzeichnungen von
TIM

ALBERT MÜLLER VERLAG
RÜSCHLIKON-ZÜRICH · STUTTGART · WIEN

Zwanzigstes bis vierundzwanzigstes Tausend
ISBN 3 275 00352 6
Printed in Switzerland

Lieber Albert Müller Verlag!

Herzliche Glückwünsche zu der umgeschriebenen Buchfassung unserer wöchentlichen «BENGO»-Lektionen! Wir haben sie mit grossem Vergnügen gelesen und uns darüber gefreut, wie geschickt der ursprüngliche Sinn erhalten wurde, und wie hübsch sich die ergänzenden Bemerkungen und Anekdoten der Bearbeiterin einfügen.

Wir wünschen Ihnen, dass das Büchlein nun ein mindestens ebenso grosser Erfolg sein möge, wie er der Fernseh-Sendung in England zuteil wurde, in welcher der Zeichner TIM mit seinem lebendigen Bengo das vorführte, was er dann zu unserer so beliebten Serie «Leben mit Bengo» ausbaute. Viele «Weltwoche»-Leser erkundigten sich bei uns, ob es kein Bengo-Buch zu kaufen gebe. Diesen begeisterten Hundefreunden ist es zu verdanken, dass Tims kurzweiliger Kurs über den Umgang mit jungen Hunden nun bei Ihnen eine dauerhaftere Form gefunden hat, als ihm eine Zeitung bieten konnte. Wir wissen uns mit all diesen Lesern einig in dem Wunsch, dass recht vielen «Bengos», «Astors» und «Fifis» das Glück zuteil werden möge, von ihren vernünftigen Besitzern im Geist Ihres Bengo-Buches zu gesunden, fröhlichen und braven Hundekameraden erzogen zu werden.

IHRE «WELTWOCHE»-REDAKTION
ZÜRICH

Dies ist Bengo, ein junges Hündchen, das wie alle seiner Art mit jeder Faser bereit ist, uns zu dienen, uns lieb zu haben, mit uns fröhlich zu sein, wenn wir vergnügt sind, und unbeirrbar an unsrer Seite auszuharren, wenn Sturm und Verdruss in unsern Sternen stehen – gerade dann nämlich wird uns sein kleines, uns völlig hingegebenes Herz Wärme und Trost spenden.

Haben wir uns das grosse Geschenk gemacht, dieses kleine Stück Seligkeit auf vier Pfoten zu adoptieren, so müssen wir auch dafür sorgen, dass Bengo später, nach überwundenem Kinderübermut, ein gesitteter Hausgenosse wird, an dem selbst der ein wenig griesgrämige, überpenible, hundehassende Herr Nachbar keinen Anstoss nimmt. (Der Mann ist übrigens zu bedauern: von welcher Quelle harmlos-heiteren Glücks schliesst er sich aus!)

Bengos Erziehung wird freilich etwas Zeit und Mühe kosten; allein selten im Leben zahlt sich ein Einsatz so aus wie dieser! Unendlich viel Freude und das grenzenlose Vertrauen des dankbarsten Geschöpfes unter Gottes Sonne sind unser Gewinn!

Wie er da hockt, unser kleiner Bengo, ein wenig verloren, herausgerissen aus dem quirlenden, mutwilligen Geschwisterrudel, fort von der Mutter, fange ich an zu begreifen, dass ich nicht nur ihn – nein, vor allem *mich* mit aller Energie werde in die Schule nehmen müssen, um nichts verkehrt zu machen in meiner Zärtlichkeit für das hilflose, mir auf Gedeih und Verderb ausgelieferte junge Wesen!

Zu unserer beider Bestem muss ich dir frühzeitig die Flötentöne beibringen, kleiner Schelm; jedoch in einer Weise, die dich so unbefangen-fröhlich belässt, wie ich's von dir gern lernen möchte zu sein. Und stets will ich dessen eingedenk bleiben, dass du bei allem, was du beim Eingewöhnen in die Ordnung unserer Menschenwelt zunächst verkehrt machst, nicht uns zum Tort oder aus Bosheit handelst, sondern weil du aus Gefilden jenseits von Gut und Böse im menschlichen Sinne stammst.

In deiner hundekindlichen Vorstellung gab es bis jetzt nur die Mutter und deine Wurfgeschwister, Mutters köstliche Nahrung, ihre herrliche Wärme und das Balgen mit Brüdern und Schwestern. Und danach den

tiefen Babyschlaf, wenn sich alle, müde, zum Knäuel verschlungen, wieder zusammenfanden, genau wie noch vor sechs oder sieben Wochen in Mutters schützendem Leib.

Doch bist du jetzt gross genug, um auf eignen Pfoten zu stehen, diesen lustigen dicken Pfoten, die deinem übrigen Körper vorausgewachsen sind, wie ja auch deine sämtlichen Proportionen ganz und gar nicht stimmen und dein Fellröckchen auf Zuwachs gekauft ist. Das alles kommt uns prächtig zupass, kleines Kerlchen, denn ganz so, Schrittchen für Schrittchen, wie du wachsen und vom Hündchen zum Hund werden wirst, sollst du lernen, ohne dir je schmerzlich eines Zwanges bewusst zu werden, dich mit Anstand in unsern Tageslauf einzufügen, um allgemach zu dem verlässlichen Freund und Kameraden zu werden, zu dem dich deine natürliche Veranlagung, allen anderen Lebewesen voran, bestimmt hat.

Bei deinem angeborenen Sinn für Eigentum ist es wichtig, dass du gleich beim Einzug in unser Haus eine Lagerstatt vorfindest und eine Spielecke, die dir allein gehört. Etwas Schönes und Kostspieliges zu wählen, wäre töricht. Einen hübschen Korb schaffen wir für dich erst später an, wenn du gelernt hast, was für einen kleinen Hund verboten ist, – einerseits, weil es gegen die Ordnung verstösst, der der Mensch als einer Himmelstochter Respekt erweist, andrerseits aus Rücksicht auf sein Portemonnaie, das zwar eine durchaus irdische Erfindung ist, zu der er jedoch in noch viel sklavischerer Abhängigkeit steht. Und du in der Ahnungslosigkeit deines kleinen Hundehirns mit, dieweil du ja nun einmal völlig in unsern Kreis einbezogen bist!

Zunächst also genügt für dich Naturburschen eine halbhohe Kiste mit einem kleinen ausgesägten Eingang. Das zweckmässigste «Bett» darin wäre Heu oder Stroh; aber, ei der Daus! – unsre liebe Hausfrau würde die Hände ringen, wenn überall in der Wohnung Strohhalme umhergeschleppt würden. So muss es eben eine dicke wollige Decke tun, etwa ein ausgedientes Reiseplaid, oder auch ein altes Kissen mit Kapok- oder Seegrasfüllung. Den Überzug mit Blümchen- oder Pünktchenmuster schenkst du uns; ganz egal ist dir dergleichen, du kratzest dir die ganze Pracht doch erst einmal nach deinem Geschmack zurecht. Und der Wecker, den wir hier gezeichnet sehen, und der dir den Herzschlag deiner Mutter vorgaukeln soll, – na, ich gönne ihm ein langes Leben! Vielleicht bist du ein sanfter Heinrich;

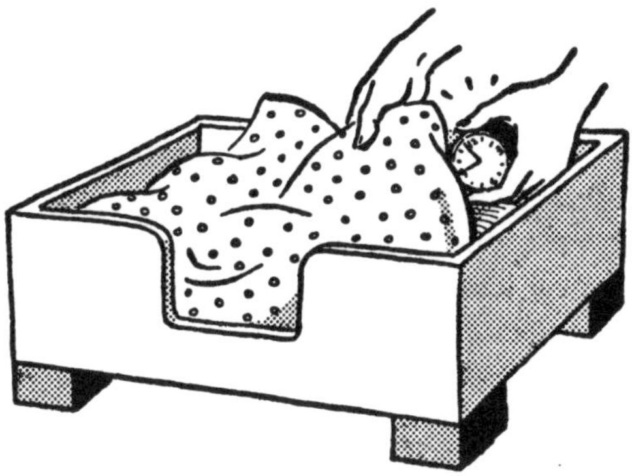

dann tickt er dich am Ende tatsächlich in den Schlummer. Gutgemeint ist er, und man kann's ja versuchen! *Die* energiegeladenen Hündchen, die ich vor dir grosszuziehen das Glück hatte, hätten ihn allerdings nach verblüffend kurzer Frist zu seinen Vätern versammelt ... im Mülleimer.

Im übrigen, kleiner Bengo, alles, was dich über die ersten vierundzwanzig fern von deiner angestammten Familie zu verlebenden Stunden hinwegtröstet, ist mir recht! Sind die nämlich überstanden, so haben wir bereits die erste Etappe auf dem Weg zu unserm Ziel erreicht: dass du *mein* Hund wirst, mit Haut und Haaren, durch dick und dünn!

Aus diesem Grunde muss ich auch meine Rührung abschütteln, wenn du jetzt, alleingelassen, zu weinen beginnst. Es zuckt mir in allen zehn Fingern, bei dir sitzen zu bleiben und dich zu trösten. Oder dich womöglich gar zu mir ins Bett zu holen ... Aber ich bin nun einmal in unserm Bund für's Leben *der* Teil, dem das Vorausdenken zufällt. Und so registriert mein Hirn pflichtgemäss: a) die Hygiene!, b) die teure Bettwäsche!, c) dass Verzärtelung stets von Übel ist, und e) dass dich später, wenn dir das Betthupfen aus irgendwelchen zwingenden Gründen untersagt werden müsste, der Kummer, eines angestammten Rechtes beraubt zu werden, ungleich schlimmer packen würde. Das ginge tiefer als jetzt dein bisschen Babygreinen. Somit, o Mensch! – widerstehe heroisch der Versuchung, mit dem weichen, warmen Körperchen im Arm zu schlafen. Und du, Würmchen, winsle, piepse, kratze! Hoffentlich haben wir keine allzu nahe wohnenden Nachbarn. Oder nette. Oder schwerhörige.

Am liebsten würde ich es jedem kategorisch verbieten, meinen kleinen Welpen hochzuheben; allein Tante Agathe würde das bitter übel nehmen und weder Hundekuchen noch Kalbsknochen mehr stiften. Also muss ich einige wenige Ausnahmen zulassen und diese dezent belehren, damit sie Bengo beim Aufdenarmnehmen wenigstens keinen Schaden zufügen.

Erstens werde ich darauf verweisen, wie weich naturgemäss bei einem jungen Tier alle Sehnen, Bänder und Knochen noch sind. Zweitens werden wir es hier ad oculus demonstrieren:

a) Niemals darf man Bengo an den Vorderbeinen zerren, als wollte man Ringelreihen mit ihm tanzen!

a

b

b) Niemals darf man ihm unter die Ellbogen fassen, denn davon bekäme er die berüchtigte «lose Elle». Als erwachsener Hund stünde er auf der Ausstellung im

Ring dann da wie ein armer Geprellter, und der Richter würde sagen: «Schade, sonst ein vorzüglicher Hund, aber mit diesen ausgedrehten Ellbogen kann ich ihm leider kein gutes Prädikat geben.»

c) Bengo auf diese Weise am Nackenfell in die Höhe hieven, wäre ebenfalls unverständig! Ich möchte 'mal

c

d

sehen, wie Tante Agathe lamentieren würde, wenn ein Riese käme, sie so im Nacken am Frack zu packen kriegte und mit ihrem ganzen Gewicht durch die Stube pendeln liesse!

d) Wer Bengo lieb hat, macht es so: er schiebt die rechte Hand unter seine Hinterbäckchen und hebt ihn dann empor, während ihn die Linke vorn im Gleichgewicht hält. Diesfalls schmunzelt unser Bengo richtig vor Wohlbehagen! Denn er hat es sehr gern, hochgenommen und gestreichelt zu werden; bloss auf das Wie kommt es an, genau wie bei der Liebe und beim Geldverdienen.

Geschlagen wird Bengo grundsätzlich niemals. Wir würden uns ein Armutszeugnis ausstellen, wenn wir keinen anderen Weg wüssten, ein harmloses junges Tier zu belehren. Durch unverständig-strenges Anfassen in der Jugend ist schon manch' gut veranlagter Hund verdorben worden. Trotz allem Übermut, ja, aller Mutwilligkeit, die ein gut ernährter Welpe normalerweise zeigt, ist er doch weich und empfindlich in seinem noch gänzlich unerfahrenen Gemüt. Durch Härte wird er scheu oder vor Misstrauen bissig, je nach seiner Veranlagung. Beides wäre für unser späteres Zusammenleben überaus betrüblich. Genau wie beim Menschenkind sind die Jugendeindrücke für Bengos ganzes späteres Leben entscheidend.

Steht er im Begriff, etwas Unrechtes zu tun, so hält man ihn durch einen scharfen Zuruf: «Pfui!» oder «Nein!» (natürlich stets das gleiche Wort) davon ab. Man muss dabei bedenken, dass ein Hund 16mal so gut hört wie der Mensch; ein lauter Anruf erschreckt und bremst einen Welpen also zur Genüge, es bedarf gar keiner Handgreiflichkeiten. Sobald er den Unfug lässt, wird er über den grünen Klee gelobt. Unser Lob ist seine Sonne! Dem Herrn gefallen – da geht ihm sein ganzes liebehungriges kleines Hundeherz auf! Der geschickte Erzieher vermag daher mit langem, ausführlichem Lob und kurzem, scharfem Tadel an der richtigen Stelle, ohne Anwendung von Schlägen, einen gutveranlagten Hund zu einem bis in den Tod getreuen Kameraden zu machen. Sobald er erwachsen ist, wird er für seinen Herrn durchs Feuer gehen wie Peritas, das kleine Hündchen Alexanders des Grossen, von dem überliefert ist, dass er einem Elefanten, der seinen Herrn angreifen wollte, todesmutig in den Weg sprang und ihn anbellte. Natürlich wurde der tapfere kleine Hund von dem wütenden Goliath zu Staub zertrampelt, jedoch vermochte sich Alexander in der Zwischenzeit in Sicherheit zu bringen. Aus Dankbarkeit errichtete er zum Gedächtnis seines kleinen Retters eine Stadt und nannte sie «Peritas».

Diese Lektion – «Brünnlein dürfen nur im Freien fliessen» – ist die allerwichtigste, denn auf Bengos Reinlichkeit in der Wohnung ist die Harmonie unsres künftigen Zusammenlebens in erster Linie gegründet.

In Rechnung ist zu stellen, dass sowohl die geistige Begabung als auch die körperliche Beschaffenheit individuell verschieden sind. Und zwar nicht nur beim Subjekt unserer Erziehungsversuche, dem jungen Hund, sondern ebensosehr auch beim Pädagogen, bei dir und bei mir ... Auf jeden Fall sollte man sich einen Welpen möglichst zu einem Zeitpunkt ins Haus holen, der uns gestattet, uns mindestens die ersten vierzehn Tage gründlich mit ihm zu beschäftigen. Dann bekommen wir ihn nämlich sehr viel schneller stubenrein, als wenn es wegen mangelnder Aufsicht zu viele Rückfälle gibt.

Das selbst bei einem kleinen Dickschädel sicher zum Erfolg führende Verfahren verlangt nicht so sehr pädagogisches Genie als vielmehr Geduld, nochmals Geduld und Beobachtungs- bzw. Einfühlungsgabe. Selbstverständlich müssen wir Bengo, solange er noch so klein ist, etwa alle zwei Stunden Gelegenheit geben, sich draussen zu erleichtern. Darüber hinaus aber müssen wir ihn dauernd beobachten. Regelmässig ist Gefahr im Verzuge, wenn Bengo von einem Schläfchen erwacht; ferner, nachdem er eine Weile gespielt und getobt hat, desgleichen, nachdem er geschmaust oder getrunken hat. Der gute Hundeerzieher muss bei der Hand sein, *bevor* das Malheurchen im Zimmer glitzert Er muss es kommen sehen! Bengo muss bereits im Garten, bzw. auf der Strasse sein, wenn er seine kleine Schleuse öffnet! Und nach vollbrachter Tat am erwünschten Ort heisst es stets: «Braaves Bächlein! Guuter Hund!»

Hast du die Zeit jedoch einmal verpasst – mit dem Erfolg, dass «still ruht der See» auf dem Fussboden oder «geduldig schluckt es der Smyrna» – dann gib niemals Bengo, sondern dir selbst einen Klaps!! Bengo führst du nur zum Schauplatz des Verbrechens, um dort mit eindrucksvoller Gebärde auf den stillen Weiher zu weisen und etwa also zu sprechen: «... ein Pfui-Bächlein! Ein Pfui-Bengo! Hinaus mit ihm!!». Dann nimmst du deinen kleinen Swinegel, trägst ihn (auf die kürzlich erlernte Art, bitte!) ins Freie und bleibst dort mit ihm, bis ihm die Creation des nächsten glückt. Das ist selbstverständlich ein «Braaves» von einem «Guuten», den man nunmehr lobpreisend im Triumph wieder hinein in den Salon geleitet.

Wenn du dich Bengo zehn, vierzehn Tage lang in dieser Art intensiv widmest, hat er den Kern des Problems – darauf können wir wetten! – erfasst. Fortan wird er dann, überkommt ihn unter der Zeit ein unbezähmbarer Drang, zur Tür laufen, womöglich kratzen und dir mit dramatischem Gehaben plausibel machen, dass Paulus in Nöten ist. Natürlich musst du in diesem kitzligen Augenblick prestissimo zur Stelle sein, denn auf Babyschliessmuskel ist halt noch kein Verlass. Wenn erst ein paar Monate ins Land gegangen sind, ist die Blase grösser geworden, und der ganze Mechanismus funktioniert besser. Zum Glück auch seltener!

Mit der geschilderten Methode habe ich einmal eine allerdings besonders gelehrige kleine Hündin binnen drei Tagen zur Stubenreinheit gebracht. Das war ein Rekord. Normalerweise brauchen die kleinen Racker zwei bis drei Wochen. Unbestreitbar gibt es aber auch Hartgesottene, die auf stur schalten. In solchen Fällen muss man es mit doppelter Aufmerksamkeit zu schaffen trachten und unermüdlich Scheltreden vom Stapel lassen, wenn es doch im Zimmer passiert. Überdies sollte man dann den Tatort sogleich mit einem streng riechenden Desinfektionsmittel desodorieren. Damit beraubt man Bengo des Behagens, sich an einem sozusagen schon vorgewärmten Ort zu entfeuchten.

Zu Bengos Ausstattung gehört ein im Spezialgeschäft erhältlicher Futter- und Trinknapf, wie ihn das Bildchen zeigt. Er ist zwar ein wenig teurer als eine gewöhnliche Schüssel, aber, je nun, kommen wir über den Hund, kommen wir über den Schwanz! – zumal das gute Stück

mehr als eine Generation durchhält, denn es besteht ja nicht aus Meissner Porzellan. Der Vorteil ist, dass Bengo diesen Napf nicht umstossen kann, und das leidige, weder den Zähnen, noch der Sauberkeit zuträgliche Umhertragen fällt ebenfalls weg. Es ist wirklich eine Annehmlichkeit, wenn unser kleiner Lehrling keine Gelegenheit hat, sei's aus Mutwillen, sei's aus Tapsigkeit, sein Diner auf den Boden zu kippen.

Im übrigen wollen wir nicht versäumen, bei dieser Gelegenheit gleich zu erwähnen, dass Bengo selbstverständlich stets pünktlich zur gleichen Zeit gefüttert werden muss, und zwar bis zum Alter von drei Monaten viermal am Tag, hernach, bis er ein Jahr alt ist, dreimal. Von da ab genügen ein bis zwei Mahlzeiten. Mengenmässig erhält er nie mehr, wie er auf einmal verschmausen kann. Lässt er einen Rest, wird der Napf weggenommen, sowohl aus erzieherischen als auch aus hygienischen Gründen.

Betreffs des Trinkens gehen die Ansichten auseinander: die alte Schule plädiert für jederzeit erreichbares

frisches Wasser. Nach meinen Erfahrungen verführt jedoch der immer gefüllte Trinknapf zu ständigem Geschlabber aus Langerweile und erzeugt weichliche Figuren, statt der drahtigen, sportlich-eleganten Linie, mit der Bengo, wenn er erwachsen ist, brillieren soll. Freilich muss man es im Gefühl haben, wann der Hund wirklich Durst hat. Bengo ist nicht auf den Kopf gefallen; er zeigt es uns sehr deutlich! Überdies achtet der sorgsame Hundebesitzer selbstverständlich auf alle Umstände, die Durst erzeugen können und sorgt dann dafür, dass er gestillt werden kann. Bei warmer Witterung beispielsweise will Bengo ganz sicher ab und zu trinken. Nach weiten Spaziergängen muss er einen Trunk haben, nach der Fütterung mit trockenen Hundekuchen und dergleichen ebenfalls.

Mit dem Futter wird Bengo, wie wir noch sehen werden, *nicht* verwöhnt, aber mit der Tranksame tun wir es, weil ihn nämlich schmutzige Pfützen und Abwasserrinnen unterwegs nicht reizen, falls er weiss, dass er zu Hause etwas Besseres bekommt. Wir halten uns hier an die alte Regel, dass Wasser zum Waschen und für die Fische gut ist. Zum Trinken aber ist selbst für junge Hunde – von uns ganz zu schweigen! – Milch oder dünner Tee weitaus empfehlenswerter.

Jedes gesunde junge Lebewesen verfügt über einen gesunden Appetit und kann's kaum erwarten, bis Essenszeit ist und sein Napf wieder gefüllt wird, denn der schnell wachsende Körper verlangt gebieterisch sein Recht. Darum stimmt etwas nicht, wenn sich Bengo

beim Fressen unlustig zeigt oder es ganz und gar verweigert; entweder ist er dann nicht auf dem Posten oder wir Betreuer haben die guten Ratschläge, die uns Bengos gewissenhafter Züchter mit auf den Weg gegeben hat, nicht genau befolgt. Er hat uns bestimmt gesagt, dass Bengo in der Hauptsache, zu etwa zwei Dritteln, *Fleisch* bekommen soll. Natürlich brauchen wir nicht unsern finanziellen Ruin herbeizuführen und ihn mit Hühnerbrust, Kalbsschnitzeln und Rumpsteaks zu päppeln – bewahre, gerade Innereien, die billig zu haben sind, schlagen ihm prächtig an: Rinder- und Hammelmagen, Kuhherz, Kalbsgekröse, gelegentlich einmal Rindsleber. Wir geben ihm alles klein geschnitten, *in rohem Zustand,* denn das Kochen, so viel wissen wir ja allmählich aus der menschlichen Ernährungskunde, zer-

stört die Vitamine. In sein Beifutter, das abwechselnd aus Gersten- oder Weizengrütze, Haferflocken und ungeschältem Reis besteht, reiben wir ihm stets eine rohe gelbe Rübe (Mohrrübe) oder einen Apfel. Sehr empfindlich ist Bengo gegen Salz, wir lassen es daher fort.

Ein junger Hund muss seine Schüssel blitzblank leerputzen. Tut er es nicht, so ist er entweder überfüttert oder krank. Im ersten Fall ist eine 24stündige Fastenkur ein probates Mittel, im zweiten häufig ebenfalls; darüber muss jedoch der Tierarzt entscheiden. Wer noch keine Erfahrung im Aufziehen junger Hunde hat, tut gut daran, von Anfang an einen tüchtigen, auf Kleintiere spezialisierten Vertreter dieser Fakultät zu Rate zu ziehen und ihm den heranwachsenden Bengo von Zeit zu Zeit vorzustellen. Ein guter Tierarzt, der sich auf Hunde versteht, kann uns am besten sagen, wieviel Lebertran wir Bengo geben sollen, welches Kalkpräparat ihm zuträglich ist, ob er eine Wurmkur braucht und viele andere wichtige Dinge mehr. Ausserdem kennt er unsern Hund und seine Konstitution dann bereits, wenn eine ernste Krankheit auftritt und vermag viel besser einzugreifen. Solche Vorsorge ist unter allen Umständen billiger, als wenn wir etwas verkehrt machen, denn dann besteht die Gefahr, dass unser bereits so sehr geliebtes Bürschchen uns verlässt und in den Hundehimmel eingeht.

Die Beschaffung der *richtigen* Knochen spielt in Bengos Magenfahrplan eine wichtige Rolle – besser nämlich gar keine (denn Nährwert haben sie nicht), als splitternde von Geflügel oder Wild, die ihm lebensgefährlich werden können! Am besten bestechen wir unsren Metzger – auch starke Männer haben schwache Stellen! –, damit er uns hin und wieder einen grossen derben Knochen vom Kalb für unser Goldkind aufhebt. Der wird dann jedesmal mit atemloser Freude als Göttergabe in Empfang genommen und ungesäumt in

einem Winkel geborgen, aus dem hernach nur noch eines kleinen Hundes Hinterteil hervorschaut. Vorn im Dunklen nagt Bengo hingebend, und wir wissen ihn für geraume Weile nutzbringend beschäftigt.

Notfalls genügt fürs Zähnewetzen krachharter Hundekuchen oder ein ebensolcher Brotkanten. Ausgekochte Rinder- oder Schweineknochen zu geben, ist Unfug; ebensogut kann Bengo auf Holz herumkauen, was er ja gelegentlich auch tut, meistens nicht zu unserm Vergnügen, falls es sich um den Bestandteil eines kostbaren Möbelstücks handelt. Drum, Mensch, gib acht und sorge für Kälberknochen!

Wer keinen Spass versteht, wer zu Geiz neigt und wer pedantisch ordentlich ist, der kaufe sich auf gar keinen Fall einen lebendigen jungen Hund! Es gibt ja so reizende aus Stoff, *auch* reinrassig mit «Knopf im Ohr» und so. *Die* tun's in solchem Fall, in dem es ja gar nicht darauf ankommt, dass sie Glasaugen und ein Herz aus Werg haben.

Ein Schuh, ein Buch, ein Kissen, ein Stuhlbein muss gelegentlich schon einmal auf dem Altar der Hundeliebe geopfert werden. Auch muss man auf diesem Sondergebiet mit einer gewissen Variationsbreite des Geschmacks rechnen; denn einer meiner geliebtesten, klüg-

sten, ausser diesem Faible mit tausend guten Eigenschaften begabten Hunde verspeiste im ersten Jahre seines Lebens mit Passion alle meine Taschentücher, deren er habhaft werden konnte. Er wurde natürlich stets nachdrücklich gescholten; es war purer Mutwille oder Lust am Schabernack. Möglicherweise aber sah er in diesen Textilien ein Stück von mir, die er «zum Fressen gern» hatte. Sobald er erwachsen war, unterliess er den Unfug dann von selbst.

Auf unsrer Zeichnung delektiert sich Bengo gerade an einem guterhaltenen Sportschuh, nachdem er bereits ein Buch auf seine gründliche Weise «zerlesen» hat. Mit einem energischen «Pfui! Lass' das!!» muss ihm die Rechnung für seine gründliche Arbeit präsentiert werden; sodann muss man ihn in seinen Spielwinkel tragen und ihn animieren, dort an den Gegenständen weiterzunagen, die wir ihm zu diesem Zweck angeschafft haben: beispielsweise an seinem Hartgummiball oder einem Hartgummiknochen. Ein alter Brotkanten, sehr harter Hundekuchen oder der schon empfohlene grosse, derbe Kalbsknochen erfüllt den Zweck beinah noch besser. Denn unserm emsigen Brüderlein sind mittlerweile die ersten Zähne gewachsen, und daher ist es von einem kaum zu stillendem Drang befallen, zu nagen. In dieser Periode seines Wachstums müssen wir im Interesse der Unversehrtheit unsrer Habe ein besonders wachsames Auge auf Bengo haben, ihn möglichst viel beschäftigen und von den «Tabus» ablenken. Wenn wir ihn in diesem Alter stundenlang unbeaufsichtigt im Empiresalon sich selbst überlassen, tragen wir selbst die Schuld am angerichteten Schaden. Wenn er sich darauf verstünde, würde Bengo ganz bestimmt die Bitte an uns richten, die *wir* unserer höchsten Instanz in ähnlichen Fällen vorzutragen pflegen: «... und führe uns nicht in Versuchung.»

Die ersten paar Male hat sich Bengo bei unsrer allmorgendlichen Säuberungsaktion mit Kamm und Bürste gesträubt; doch bald hat er gemerkt, was es danach für ein herrliches Gefühl ist, von Schmutz und Staub und zwickenden Flöhlein befreit zu sein. Seitdem hält

er nicht nur still, während wir die Prozedur vornehmen, er eilt sogar freudig herbei, sobald er uns nach seinen Toilettegegenständen greifen sieht.

Für Bengos kurzes Fell gebrauchen wir einen engzahnigen Kamm; besässe er langes Haar oder gar einen Schnauzbart, der Pflege verlangt, müssten wir einen weitzahnigen anschaffen. Wir fangen am Kopf an zu kämmen und fahren viele Male über Rücken, Brust, Bauch und Flanken. Bei der Verwendung der nicht zu weichen Bürste – erst kämmen, dann bürsten – halten wir dieselbe Reihenfolge inne; zum Schluss reiben wir noch mit einem weichen Woll- oder Lederlappen nach.

Bengos Fell glänzt bei so sorgfältiger Pflege! Und er fühlt sich, auf Hochglanz poliert, wie ein Gentleman, der sich in den Smoking oder Frack geworfen hat und der allgemeinen Bewunderung, besonders von seiten der Damen, sicher ist!

Instinktiv wehrt sich Bengo gegen jede Art von Zwang; deshalb muss man ihn mit Sanftmut und Geduld überlisten!

Zuerst muss jetzt ein Halsband her. Ei, Bengo, du glaubst nicht, wie reizend es dich kleidet! Du kratzest, wirfst dich auf den Rücken, willst es wieder abstreifen?! Lass' gut sein, sozusagen nackend kann in unsern zivi-

lisierten Breitengraden nicht einmal ein Hund herumlaufen! Obendrein wirst du doch demnächst ein steuerzahlender Staatsbürger sein. Bedenke einmal, woran sollte man wohl die Steuerquittung, das fiskalische Blechmedaillon, befestigen, wenn nicht an deinem feinen Halsband?! Du wirst sehen, der Mensch ... – Verzeihung, der Hund gewöhnt sich an alles, ans Beinheben wie ans Krawattentragen... Während wir noch so schwatzen, hast du das befremdliche Ding um den Hals ganz vergessen, na, siehst du wohl! Jetzt nehmen wir dir's wieder ab; morgen bekommst du es abermals für ein Viertelstündchen umgeschnallt und dann jeden Tag ein bisschen länger. Pass' auf, ehe eine Woche vorbei ist, stört es dich gar nicht mehr!

Alsbald schreiten wir fort in unserm Lehrgang. Nächstes Kapitel: die Leine. Umwerfen kann uns dein Zerren und Strampeln nicht; überdies haben wir uns mit En-

gelsgeduld gewappnet! Zuerst probieren wir's in der Wohnung, spazieren selbander durch die Zimmer, den Flur entlang. Vor Bengos Nase schwebt (von unserer rechten Hand gehalten, die linke hat locker die Leine gefasst) sein geliebter Ball oder ein Stück Hundekuchen. «Recht flott, die neue Masche!» meint Bengo und trabt wacker der Lockung nach. Sobald er die ungewohnte Fessel spürt, will er ausbrechen; aber wir beschwichtigen ihn mit zärtlichen Worten, und er darf sogleich mit seinem Ball spielen oder den Happen verzehren.

So lernt er schnell, dass Anderleinegehen mit Annehmlichkeiten verbunden ist, und bald ist er mit der neuen Errungenschaft vertraut; sie erschreckt ihn nicht mehr.

Jetzt wiederholen wir die Übung im Freien, am besten zuerst in einem umzäunten Hof oder einer recht ruhigen Strasse. Es dauert dann gar nicht lange, und Bengo freut sich aufs Spazierengehen und holt selbst die Leine herbei, wenn er an unsern Vorbereitungen sieht, dass wir zu einem kleinen Bummel geneigt sind. Sehr drollig ist es, wenn er dann später, als schon selbstsicherer Passant, den kein Strassenlärm mehr schrecken kann, von sich aus die Leine herbeischleppt, um uns wegzulocken vom warmen Kamin und uns zu einem kurzweiligen Gassigehen zu verleiten.

Rüstig schreiten wir fort in unserm Lehrgang! Heute kommt das «Fach» an die Reihe, das für Bengos ganzes ferneres Leben an unsrer Seite fast genau so wichtig ist wie die Stubenreinheit: sein Appell.

Ein Hund, der nicht folgt, wenn wir ihn rufen, ist niemals eine reine Freude, weil wir ja ständig in Sorge sein müssen, er könnte überfahren werden, sonstwie in eine Gefahr hineinlaufen oder andre Leute belästigen.

Nachdem Bengo also mittlerweile an die Leine gewöhnt ist und ganz manierlich – möglichst immer links – neben uns herläuft, versuchen wir, das Herankommen zu üben, etwa mit dem Ruf: «Bengo, hierher!» (ebenfalls anfangs wieder erst ein paar Mal daheim in unsern vier Wänden). Es ist nicht so, dass er bisher nicht gekommen wäre, wenn wir ihn riefen; nur muss von jetzt ab der Angelegenheit das Zufällige genommen werden, unser vierbeiniger Schüler muss *zuverlässig* parieren lernen. Viel kommt es dabei auf die Rasse an. Die meisten jungen Hündchen folgen jedoch freudig; sie wissen, falls wir uns Ihnen gegenüber hundepsychologisch immer richtig benommen haben, dass sie gelobt und gestreichelt werden. Und just diese Verknüpfung der Begriffe: «Komme ich zum Herrn, wenn er mich ruft, ist das mit Annehmlichkeiten und Zärtlichkeiten verbunden!» – diese Verknüpfung heisst es unverrückbar in Bengos Hirn verankern, sie ist das Entscheidende.

Wir versuchen ihn nun oft zu rufen, wenn er abgelenkt ist. Kommt er, erhält er eine Belohnung; reagiert

er nicht, ziehen wir ihn an der Leine zu uns heran, streicheln ihn nur flüchtig und wiederholen die Übung gleich noch einmal.

Manchmal klappt es an der Leine prächtig, sobald wir sie jedoch lösen, rennt unser gerissener Wauwau davon. In solchen Fällen hilft man sich mit einer unauffällig an das Halsband geknüpften, mehrere Meter langen Schnur, *zuzüglich* der recht auffällig befestigten Lederleine und übt ein paar Mal in der gewohnten Weise.

Dann nehmen wir die Leine ab. Saust unser kleiner Kandidat alsbald davon, so ist etwas manuelle Geschicklichkeit notwendig: wir passen genau auf, wenn er das Ende der Schnur erreicht hat; im selben Augenblick ertönt scharf unser: «Bengo, hierher!» Folgt er, können wir uns zu dem Pfundshund gratulieren; folgt er nicht, so ziehen wir ihn sofort mit energischem Ruck an der Schnur zu uns heran. Er wird verdutzt sein, und ein Lob kann er natürlich nicht kassieren, nur wieder ein

flüchtiges Streicheln, gar nicht zu vergleichen mit unsrer Überschwenglichkeit und der Prachtscheibe Wurst, die es ihm einträgt, wenn er freiwillig herankommt.

Diese Lektion muss – am Schnürchen! – sitzen, bevor wir Bengo frei laufen lassen können. Nach jedem Rückfall müssen wir unermüdlich, ohne jemals die Nerven zu verlieren, von vorn anfangen, immer wieder mit der Schnur, immer wieder mit dem Bestechungshappen.

Gerade hierbei sind Intelligenz und Fügsamkeitsgrade je nach Rasse und Individuum verschieden. Geduld und Liebe aber überwinden jeden Trotzkopf. Allerdings – was Hänschen nicht lernt, lernt Hans nimmermehr!

Ein unvermeidlicher Zwischenfall in Bengos jungem Hundeleben ist der Befall mit Würmern. Er kann gefährlich werden, wenn man den Auswirkungen nicht vorbeugt, hat aber keine Bedeutung, wenn man beizeiten einen tüchtigen Tierarzt befragt und die von ihm verordnete Wurmkur sorgsam durchführt. Meistens handelt es sich um Spulwürmer, die an und für sich harmlos sind, auch für den Menschen; aber sie vermehren sich unheimlich rasch, entziehen den guten Sachen, mit denen wir Bengo füttern, die besten Nährstoffe und vergiften mit ihren Ausscheidungen seinen Organismus. Wenn Bengo noch sehr klein ist, kann

starker Wurmbefall sein rasches Ende bedeuten. Ein mehrere Monate alter Junghund wird schon eher mit den Parasiten fertig, aber leider nehmen sie ihm zu viel Kraft weg, sodass er nicht mehr recht gedeiht.

Bedenkliche Anzeichen sind Unruhe, Kratzen und Beissen unterm Schwanz, Auf-den-Hinterkeulen-am-

Boden-Langrutschen, ein geschwollenes Bäuchlein so gut wie eingefallene Flanken, allzu gieriges, aber auch völlig lustloses Fressen. Gewöhnlich gehen dann mit dem Stuhlgang Würmer ab. Dann ist es höchste Zeit, den Tierarzt zu rufen. Den Stuhlgang wird ein gewissenhafter Hundebesitzer stets im Auge behalten, obwohl die lieben Nachbarn vielleicht darüber lachen. Die Sache ist bei deinem Hund nicht lächerlicher, als wenn sie selbst in Eil' und Not wie Onkel Fritz bei Wilhelm Busch dem stillen, für jedermanns Gesundheit so unumgänglichen Ort zustreben. Lass' sie also ruhig lachen; der weise Mann lacht mit!

Der Tierarzt wird Bengo ein gut wirksames, jedoch ungefährliches Wurmmittel verabfolgen. Vor eigenmächtiger Quacksalberei mit irgendwelchen in Inseraten angepriesenen Pharmazeutika sei gewarnt!

Bengo kommt auf Ruf oder Pfiff vergnügt zu mir heran. «Sitz!» lehre ich ihn jetzt, halte ihn mit der Rechten am Halsband und drücke mit der Linken seine Achterpartie mit sanfter Gewalt herunter. Nur so ein- bis dreimal am Tag; überdrüssig darf er der Übung nicht werden.

Die «Sitz!»-auf-Befehl-Lektion bringt uns, sobald Bengo sie begriffen hat, in der Erziehung einen guten Schritt weiter. Sie gehört in die Reihe der sogenannten Unterordnungsübungen, die Herrn und Hund immer näher aneinanderschliessen. Mit anderen Worten: wir bekommen dadurch unsern Hund immer zuverlässiger in die Hand. Ich habe schon beobachtet, wie wild davonspringende Ausbunde durch den im richtigen Augenblick scharf herausgeschmetterten Befehl «Sitz!» vor dem Überfahrenwerden gerettet, notorische Raufbolde von einer Beisserei abgehalten wurden.

Wiederum muss, besonders im Anfang, das zärtliche Lob «Braav, Bengo!» und ausgiebiges Streicheln unserm Hund das ihm manchmal recht unwillkommene Stillsitzensollen versüssen. Früh geübt und mit sanfter Konsequenz eingeprägt, gewinnt gerade diese, dem Laien oft nebensächlich erscheinende Gehorsamsübung etwas wie magische Gewalt über Bengo, denn an und für sich sitzt er bei vielen Gelegenheiten ohnehin gern, es ist seine natürliche Haltung des Ab-wartens, der Erwartung, ferner der Ermüdung, oft auch des Zeichens, gehorsam sein zu wollen. Selbst wenn es daher später – infolge schlechten Gewissens oder aus irgendeinem anderen Grund – mit dem Sofort-auf-den-Ruf-Folgen einmal hapert, vermag das von Kindesbeinen an eingeprägte Wort «Sitz!» in neun von zehn Fällen immer noch einem Davonlaufen oder etwelchem andern Übel zu steuern. Beispielsweise: Bengo ist erwachsen, kraftstrotzend wie ein Bär, und auf der anderen Strassenseite kommt sein Todfeind daher. Unser lautes, scharfes «Sitz!» fährt Bengo wie ein Bannstrahl in die Knochen – er setzt sich, wir können hingehen, ihn anleinen und loben, loben! Ein Staatshund! Ein zuverlässiger Hund! Der bravste Hund der Welt!

In der Zwischenzeit wird dann der Gehasste drüben wohl ausser Blickweite gekommen sein.

Viele, ja die meisten ernstzunehmenden Leitfäden für die Pflege des Hundes befehlen: seine Lagerstatt sei zum Besten seiner Gesundheit weder zu weich, noch zu warm.

Na ja. Bengo kann nicht lesen. Leider! Ich möchte ihn kichern hören, wenn er diesen Ukas zur Kenntnis nähme! Schütteln würde er sich vor Vergnügen und

danach spornstreichs auf die Couch oder den nächsten Polstersessel klimmen und sich das flaumige, seidenbezogene Daunenkissen unter den Bauch kratzen, um sogleich mit äusserstem Behagen einzuschlummern. Ausserdem würde ihm der auf weichem Pfühl ausgekostete Schlummer Zeit seines Hundelebens gesundheitlich prächtig bekommen...

Nur eben: das Daunenkissen würde nicht lange überleben. Ausserdem der Gobelinbezug! Überdies die Blamage vor den Gästen des Hauses, wenn sie auf jedem gepolsterten Sitzmöbel, das sie benutzen wollen, Hundehaare, womöglich sogar schmutzige Hundepfotenspuren vorfänden!

So geht's also nicht. Wir müssen ihn wohl oder übel, so schwer es uns ankommt – denn er sieht zweifellos reizend aus, wenn er sich mit so ansteckendem Behagen in das Kissen schmiegt –, beizeiten an diesem Sybaritismus hindern.

Nach einer Variante der guten alten Regel «Was ich nicht weiss, macht mich nicht heiss!» wird Bengo nicht vermissen, was er gar nicht erst kennengelernt hat. Von klein auf muss daher verhütet werden, dass er die Annehmlichkeiten gepolsterter Liegestätten ausprobieren kann. Deshalb sollte sein eigenes Lager recht einladend und mollig ausgestattet sein.

Ist aber – ach! ach! – die Überfahrt erst einmal verpasst, haben wir, bestochen von dem amüsanten Anblick unseres Herrn Hundes im Polstersessel, die Zügel locker gelassen, so müssen wir eben retten, was noch zu retten ist und dem Schwerenöter einen alten Sessel zur Alleinbenutzung zur Verfügung stellen.

Mit diesem Zugeständnis aber muss er sich begnügen. Punktum! Von allen anderen Sesseln wird er eisern vertrieben, notfalls, indem man vier Wochen lang auf jedem Sessel eine Mausefalle deponiert, die zuschnappt und zwickt, wenn Bengo in unserer Abwesenheit seinem Hang zur Abwechslung nachgeben will.

Bei seinem natürlichen Sinn für Besitz begreift er es übrigens schnell genug, dass der bewusste Sessel fortan ganz und gar ihm gehört. Stolz wie ein König wird er auf ihm thronen und vor Wonne strahlen, genau so etwas Feines be-sitzen zu dürfen wie sein hochverehrter, auf zwei Beinen gehender «Meutenführer», denn als solchen sieht uns sein Hundeverstand ja an.

Mit Vorliebe schleppt Bengo sein Spielzeug in der Wohnung umher. Häufig vergisst er es dann irgendwo, sobald er eine Ablenkung hat. Falls man nicht zur Gilde der Ordnungsfanatiker gehört, sondern es liegen lässt, hat man nachher den Spass, zu beobachten, wenn er es wiederfindet und sich wie ein Kind beim Ostereiersuchen darüber freut.

Diesen seinen angeborenen Trieb, etwas zu tragen, etwas zu holen, kann man schon in früher Jugend auf bestimmte Gegenstände lenken und ihm beibringen, sie auf Geheiss zu apportieren. So beispielsweise unsere Hausschuhe, die ihm ja ohnehin überaus sympathisch sind, sind sie doch intensiv mit seines Pflegers Witterung behaftet.

Wenn wir die Schuhe werfen, findet Bengo das entzückend, saust ihnen nach und schnappt sich einen. Man kann zehn gegen eins wetten, dass er dann, auf seiner Beute kauend, seinem Lager oder einem anderen gemütlichen Plätzchen zustrebt. Wir wenden alle unsere Beredsamkeit an und zeigen ihm ein Bestechungshäppchen, um ihn zu veranlassen, mit seinem Fang zu uns zu kommen. «Aus!» flöten wir, «lass' aus!» Gibt er die Beute her, erhält er seine Belohnung, wird geziemend gelobt, und das Spiel beginnt von neuem.

Sollte Bengo trotz unserer Locktöne und Leckerbissen nicht zu bewegen sein, zu uns heranzukommen, tut

die beim Einüben des Appells bereits in Aktion getretene dünne, lange Schnur wieder gute Dienste. Wir befestigen sie, so heimlich es geht, an seinem Halsband, werfen die Schuhe (oder das Bringholz, das anzuschaffen durchaus empfehlenswert ist und dessen Verwendung zweckmässigerweise der Apportierübung mit den Hausschuhen vorangehen sollte), rufen «Fass apport!» und ziehen ihn mit dem Schuh im Fang sanft zu uns heran. Täglich ein paar Mal wiederholt, wird er die Sache bald erfasst haben, denn gar zu gern wird er gelobt, gar zu gern hat er es, wenn wir uns mit ihm beschäftigen.

Nur zum Schluss wieder eine leise Warnung: ein sehr junger, knabberfreudiger Bengo kann unsere Schuhe eventuell zum *Fressen* liebgewinnen! Deshalb läßt man ihn besser nicht längere Zeit unbeobachtet mit Dingen allein, die ins Mäulchen zu nehmen wir ihn obendrein ermuntert haben.

Ein gesunder junger Hund im besten Wachstum hat immer Hunger! Ich kann Bengo eben gefüttert haben, sobald er unsre Mahlzeit riecht – und seine Nase ist nun einmal so fein –, läuft ihm buchstäblich das Wasser im Munde zusammen und tropft aus den Lefzen.

Der logische Schluss? Bengo gehört nicht in die Küche und nicht ins Speisezimmer! Er bekommt seine

reichliche Ration, *bevor* wir uns zu Tisch setzen. Dann darf er auf der Strasse seinen Stammbaum visitieren; danach aber – husch! husch! – ins Bettchen mit ihm zwecks geruhsamer, wohlanschlagender Verdauung!

Lässt es sich jedoch, beschränkter Raumverhältnisse wegen oder aus welchen Gründen sonst, durchaus nicht vermeiden, dass er bei unsern Mahlzeiten zugegen ist, heisst es hart bleiben und als eiserne Regel aufstellen: er wird *vorher* gut gefüttert, erhält aber von klein auf nie-, niemals, vom Tisch Häppchen. Kein Familienmitglied und kein Gast darf jemals gegen dieses Gebot verstossen! Hält man das eisern durch, wird Bengo das Betteln als zwecklos erkennen und fortan unterlassen.

Andernfalls müssen wir es in Kauf nehmen, wenn er jedem mit bittenden Blicken, denen schwer zu widerstehen ist, die Bissen in den Mund zählt, von Stuhl zu Stuhl wandert, jeden anstupft und seinen Obolus fordert! Wer das erheiternd findet, muss auch die Konsequenzen tragen: dass seine Gäste die Nase rümpfen, und dass er in späteren Jahren mit einem von guten Happen zwischen den Mahlzeiten gemästeten, asthmatischen Fettmops durch die Gegend wandeln muss, immer langsam voran, damit das Bierfass auf vier Beinen auch nachkommen kann...

Bengos «Sitz!»-Lektion ist mittlerweile zur Genüge durchexeziert; ans Halsband hat er sich tadellos gewöhnt, und an der Leine geht er für sein Alter schon ganz passabel. Jetzt dürfen wir uns ohne Bedenken mit ihm in belebte Strassen wagen.

Auf vorüberfahrende Wagen reagieren junge Hunde recht verschieden. Draufgänger wollen schnurstracks hinterher; Misstrauische ziehen sich vorsichtig zurück; Ängstliche ergreifen ungesäumt das Hasenpanier; Dickfellige reagieren überhaupt nicht. Jedes Temperament lässt sich jedoch an den Strassenverkehr gewöhnen, so-

fern man damit im Welpenalter beginnt und es an Liebe und Geduld nicht fehlen lässt, vorausgesetzt allerdings, dass es sich nicht um ein krankhaft nervöses Tier handelt. Solche Tiere sollte man unbedingt vom Tierarzt mit den heutigen, so überaus sanft wirkenden Mitteln einschläfern lassen, weil sie nur sich und ihren Haltern zur Qual leben.

Den Draufgänger müssen wir auf der Strasse zügeln. Mit einem energischen Leinenruck heisst es: «Hier!» und «Sitz!» an der Bordschwelle, wenn er den vorbeiflitzenden Fahrzeugen nachpreschen will. An kurzer Leine gehalten, belehren wir ihn: «Bleib!» oder «Warte!», bis die Strasse frei ist. Dann sagen wir «Komm mit!» und überqueren den Fahrdamm.

Mit dem Misstrauischen verfahren wir gelinder, denn Misstrauen schlägt leicht in Angst um. Wir rucken nur sanft an der Leine und reden ihm freundlich zu, sich zu setzen und abzuwarten, was wir bei dem Ängstlichen noch vorsichtiger und mit vielen Lobesworten schier übertreiben müssen. Er ist ein so «guuter Hund», der sich bald an die vorübersausenden Wagen und den Lärm, den sie verursachen, gewöhnen wird, denn «so ein ganz braver und kluger, wie er ist,» merkt bald, dass ihm die hupenden, ratternden und klingelnden Gebilde nichts tun! Und wie lustig, wenn endlich die Bahn frei ist, nun ganz ungefährdet hinüber zu springen! Stolz tippelt Bengo neben seinem Erzieher auf die andre Strassenseite und hat einmal mehr die Erfahrung gemacht, dass ihm nichts Böses geschieht, wenn er Vertrauen zu seinem Herrn hat und folgsam ist.

Den Dickfälligen aber packen wir ebenso energisch an wie den Draufgänger. Ein Ruck an der Leine, selbst ein kleiner Klapps auf des Rückens liebliche Vollendung schadet gar nichts, wenn er sich etwa, unbekümmert um die Umwelt und seines Herrn Befehl, den pikanten Düften des Rinnsteins widmet. Diese Sorte ist es, die es später fertig bekommt, sich im dicksten Verkehr mitten auf der Strasse niederzulassen, in der Erwartung ihrer Herzensdame von gegenüber! Wenn's gut geht, kostet's ein paar Fahrerflüche, gefolgt von heftigem Quietschen der Bremsen und einem Bogen um das lebende Hindernis. Es kann aber auch sehr leicht schief gehen, wenn der Dickkopf Ursache eines Verkehrsunfalls wird, für dessen Folgen der Besitzer haften muss. Und schliesslich kann dabei das Lebenslicht unseres kleinen Freundes auf eine recht unhübsche Weise ausgeblasen werden.

Merkwürdigerweise strebt Bengo von sich aus immer dem Rinnstein, mindestens der Bordschwelle zu, sobald ihn ein gewisses «Rühren» anwandelt. Bei gut zwei Dritteln aller von mir aufgezogenen Hunde habe ich diesen Hang bemerkt und natürlich nach Kräften unterstützt, denn er ist gut und löblich. Da in der Stadt nichts andres übrig bleibt, wie Bengo die Strasse als WC benutzen zu lassen, müssen wir retten, was sich an Ästhetik und in punkto Appetitlichkeit daran retten lässt, nämlich, das in die Gosse Gehörige in der Gosse

selbst oder doch wenigstens ganz in der Nähe verrichten zu lassen – und gefälligst nicht mitten auf dem Bürgersteig!

Falls unser Bengo allerdings dem ungenierten dritten Drittel zuzuzählen ist, müssen wir ihn Mores lehren. Das hält nicht schwer!

Wenn wir mit ihm behufs der Förderung seines Stoffwechsels unsres Weges fürbass gehen und ihm anmerken, dass er gewisse Anstalten trifft, – Wilhelm Busch charakterisiert sie so einmalig bei der Schilderung des menschlichen Niesens, allein die Präliminarien treffen durchaus auch für unsren speziellen delikaten Fall zu:

«. . . die Spannung steigt, der Drang wird gross.
Nur still! Gib acht! Gleich drückt er los!»

–, dann komplimentieren wir Bengo mit gütigem Zuspruch an den äussersten Rand des Bürgersteigs, in des-

sen Reichweite wir ihn zweckmässig ohnehin für den Fall eines Falles entlanggeleiten.

Unnötig zu betonen, dass wir nach der am rechten Ort erfolgten Verrichtung in Lobpreisungen auszubrechen haben, damit er es sich um so lieber einprägt, wo seine Denkmäler gelitten werden.

Solange Bengo noch sehr klein ist, kehrt er sich nicht an den Regen. Im Gegenteil, er findet die Tropfen lustig und will mit ihnen spielen, wenn er ein gesundes, derbes Kerlchen ist. Natürlich sind «die Geschmäcker»

auch in diesem Punkt verschieden: kleine Hundemädchen sind meistens empfindlicher. So etwa im Alter von dreiviertel Jahren pflegt aber auch den Rüdchen mit einemmal die Erkenntnis zu kommen, dass es im Trocknen viel gemütlicher ist. Jedoch, da muss der Erzieher – der das, zehn gegen eins zu wetten!, selber denkt – mit Heroismus nach dem Trenchcoat und den Galoschen greifen: hinaus in den Graus mit ihm und Bengo!! Keine Müdigkeit vorschützen, Bewegung *muss* sein, an frischer Luft darf es nicht fehlen, der Spaziergang *muss* absolviert werden, schon der so wichtigen Förderung regelmässiger Verdauung wegen. Es gibt keinen Pardon, die gewohnte Runde wird gewissenhaft eingehalten, gegebenenfalls sogar zwei Mal, wenn sich der Erfolg der Nässe wegen verzögern sollte.

Als sehr praktisch erweist sich in derartigen Fällen irgendeiner Erschwerung des gewohnten Ablaufs der Dinge, wenn man Bengo von Anfang an an bestimmte Worte gewöhnt hat, beispielsweise «Bächlein!» oder «Brünnele!» für die kleine, «Schlau sein!» oder «Hüfele!» für die grosse unumgängliche Notwendigkeit. Man singt ihn dann, während es Strippen giesst, in allen Tonarten an: «Schlau sein! Ei, so schlau!» – «Hüfele! Mach's Hüfele!» bis es funkt. Nun gibt's das obligate (diesmal aus voller Brust jubelnde) Lob für den Wakkeren, eine Kehrtwendung und marsch, marsch, nichts wie heim! Ins Trockne und Warme!

Zu Hause angelangt, wird Bengo mit einem rauhen alten Frottiertuch sorgfältig abgerubbelt, seiner Lunge, seinen Bronchien und Nieren zum Heil.

Auch unsern Teppichen und dem Parkett bekommt ein abgetrockneter Bengo besser.

Wir wollen das kleine Kapitel vom nassgewordenen Bengo lieber gleich ein wenig gründlicher durchsprechen, denn, freiwillig oder unfreiwillig, es kommt nun 'mal häufig vor!

Allemal schüttelt sich Bengo gründlich, wenn er mit dem nassen Element in Berührung gekommen ist. Von sich aus gesehen, handelt er richtig, aber es zeitigt oft

peinliche Folgen, wenn jemand in einem hellen Mantel danebensteht. Oder wenn Bengo im Sommer nach einem erfrischenden Bad im See den nassen Segen auf die empfindlichen Kleider der am Ufer promenierenden schönen Damen versprüht. Ist es einem nicht möglich, diesen Äusserungen seiner unbefangenen Natur zuvorzukommen oder zum mindesten die harmlos-neugierigen Zuschauer rechtzeitig zu warnen, so macht man sich, nach erfolgter Brause, besser beschwingt auf die Socken und begibt sich hinweg ... Denn hübsche Frauen verfügen manchmal über einen hässlichen Wortschatz, und der arme Bengo, den sie im Wasser so reizend fanden, wird plötzlich nach ihren Angaben ein Biest ...

Natürlich schüttelt sich Bengo auch, wie es ihm sein Naturtrieb vorschreibt, wenn er von dem vorhin besprochenen Spaziergang im Regen nach Hause kommt. Um Weiterungen vorzubeugen, empfiehlt es sich, ihn diese Übung draussen im Hausflur auf der Matte vornehmen zu lassen und nicht damit zu warten, bis er in der Wohnung ist. Geschickte Hundepädagogen, die an

gelehrige Zöglinge geraten, bringen es im Laufe der Zeit fertig, durch eine ständig stets im rechten Augenblick wiederholte Aufforderung (nämlich gerade, wenn Bengo sich ohnehin schütteln will), ihn diese Instinkthandlung auf Geheiss ausführen zu lassen.

Ein fähiger Erzieher, der an ein Hundegenie gerät, bringt es sogar dazu, dass der Zögling seine Schmutzpfoten selber auf der Matte abtritt! Allen Respekt, da darf man gratulieren! Dieser Erfolg ist zirkusreif!

Mein eigenes Bengobürschchen und ich sind schon ganz stolz, dass wir beim Abtrocknen so gut aufeinander eingespielt sind, und die geliebten dicken Kinderpfoten – numeriert eins (rechts vorn), zwei (links vorn), drei (rechts hinten), vier (links hinten) – der Reihe nach hinstrecken und brav stillhalten, während sie abgerieben werden. Mit dieser Methode ist keiner von uns überfordert. Und sicher ist sicher! Mir will immer scheinen, Bengo wirke mit meiner tatkräftigen Nachhilfe trockener.

Hin und wieder streckt uns Bengo seine Pfote ganz von selber hin. Er gebraucht sie wie eine rudimentäre Hand, um etwas zu sich heranzuziehen, etwas festzuhalten oder uns um etwas zu bitten.

Jetzt aber wollen wir Methode in die Sache bringen. Er soll den Begriff «Pfötchengeben» lernen, damit er es auf Geheiss ausführt. Wie alle «Fächer», die ihm von Natur liegen, wird er diese Aufgabe sehr leicht begreifen.

Zuerst veranlassen wir ihn, den ihm inzwischen in Fleisch und Blut übergegangenen Befehl «Sitz!» auszuführen. Dann fordern wir ihn auf: «Gib Pfötchen!» oder «Sag guten Tag!» oder was uns sonst besonders poetisch erscheint. Die Worte sind bekanntlich gleichgültig, die Hauptsache in der Hundeschule ist ja, für dieselbe Forderung stets den gleichen Ausdruck zu wählen.

Zunächst nehmen wir ein paarmal, nachdem wir den Befehl ausgesprochen haben, von uns aus seine Pfote in die Hand, streicheln sie und loben Bengo. Natürlich

können wir auch diesmal seiner Auffassungsgabe mit einem verheissungsvoll hingehaltenen guten Happen nachhelfen, den er, wenn er bei der fünften, sechsten Aufforderung sein mehr oder minder gewichtiges «Händchen» in das unsere legt, zur Belohnung erhält.

Dieser Übung kommt keine besondere Wichtigkeit zu; viele junge Hunde lernen sie von selbst, ohne unser Zutun. Aber es ist für uns eine Gelegenheit mehr, uns mit Bengo zu beschäftigen, und jede derartige Gelegenheit soll man ausnutzen, denn um so rascher und enger wächst er uns zu.

Der zünftige Ausdruck für Abrichter von Gebrauchshunden betreffs Bengos heutiger Lektion heisst «Lautgeben». Der Jäger rühmt bei seinem Schweisshund seinen «losen Hals»; der einfache Hundefreund aber bevorzugt das sanfte «Wie spricht der Hund?»

Nun, es sei gleich verraten: auch unter den Hunden gibt es nervenmordende Schwätzer und «Grosse Schweiger» à la Moltke! An einen solchen caninen Schweiger geratene Abrichter kann man sich heiser schreien hören und Tänze aufführen sehen wie Derwische, in der Hoffnung, die eigene Lautstärke und hektische Beweglichkeit könnte ihren Zögling zum Gebrauch seines sonoren Baritons veranlassen. Das ist begreiflich, denn wem platzt nicht der Kragen, wenn der vierbeinige Kandidat in der mit viel Mühsal und Schweiss vorbereiteten Prüfung bei der Aufgabe «Den Verbrecher stellen und verbellen» den Figuranten stumm wie eine Statue anstiert oder sich an dieser durchaus verkehrten Stelle in lautloser Verbitterung daran macht, den Verdächtigen abzuledern?

Darum – früh übt sich, was ein Meister werden will! Wenn Klein-Bengo von sich aus bellt (und der Anlass ist uns genehm), so ermuntern wir ihn, fortzufahren und zwar mit dem Stichwort, das wir uns, siehe oben, für diesen Zweck gewählt haben, also «Gib Laut!» oder «Sprich!»

Fällt der Groschen in Bengos Hirnlein nicht gleich, nur Geduld! Bei der zwanzigsten oder fünfzigsten Gelegenheit funktioniert es dann doch, das stereotype «Gib Laut! – Gib Laut!», wenn er ohnehin bellt. Von Stund' an löst sich der Kontakt im richtigen Moment, Bengos liebliche Stimme erschallt, wann immer wir es wünschen.

Ein Hilfsmittel für Hartnäckige ist, das Zauberwort «Gib Laut!» zu flöten, wenn man mit der Futterschüssel kommt, oder Bengo jeweils einen kleinen Happen anzubieten. Hunger und Gier veranlassen so manchen, Krach zu schlagen! Notfalls kann man so tun, als ob man mit dem Leckerbissen («hmmmm, so fein») wieder fortgehen will, wenn Bengo sich durchaus nicht dazu versteht, ein Tönchen von sich zu geben. Meistens führt diese Repressalie selbst bei Phlegmatikern zum Ziel.

(Man weiss ja zur Genüge von Menschen, wie gesprächig sie werden, wenn sie jemand um einen lohnenden Happen prellen will.)

Bengos Umgang mit Artgenossen – auch das ist ein sehr ernst zu nehmendes Kapitel für den sorgsam überlegenden Hundeerzieher!

Selbstverständlich soll ein junges Tier Spielgefährten haben. Es hat den Drang zu seinesgleichen und soll ihm mit voller Unbefangenheit folgen. Zerren wir Bengo mit Gewalt an jedem uns begegnenden Hund vorbei, muss er notwendig zu der Vorstellung kommen, alle wollten ihm an den Kragen. Er würde entweder ängstlich oder im Gegenteil seinerseits vorbeugend angriffs-

lustig werden, und beides wirkt sich für uns recht unerfreulich aus, wenn er erwachsen ist.

Nur eben, wir müssen eine Auswahl treffen! Sicher gibt es in der Nachbarschaft zwei oder drei gutgehaltene und freundlich gesinnte Kollegen, die sich gern auf ein Spiel mit unserm kleinen Grünschnabel einlassen. Ein eingefriedeter Hof oder Garten ist ideal für diesen Fall; muss jedoch das Rencontre auf der belebten Strasse stattfinden, nun, so lassen wir die Leine recht locker, damit Bengo seine kleinen Kapriolen, so gut es geht, unbehindert ausführen kann.

Vorsicht aber sollten wir walten lassen, wenn wir ungepflegten fremden Hunden begegnen. Es handelt sich dabei nicht nur um die Unannehmlichkeit, dass einige muntere Flöhe den Besitzer wechseln könnten, sondern vor allem um die Ansteckungsgefahr, die besonders gross ist, so lange Bengo noch ein Welpe oder Junghund ist. Staupe, Ekzeme und noch eine Reihe anderer Übel könnte er einhandeln. Da ist es wahrlich besser, vorzubeugen und einen Bogen zu schlagen um dunkle Gestalten, die es ja durchaus auch in vierbeiniger Ausgabe gibt.

Im grossen Ganzen werden junge Hündchen von ihresgleichen nicht angegriffen. Auch pflegen selbst notorische Raufer an der Leine geführte Kollegen gewöhnlich in Ruhe zu lassen, wahrscheinlich, weil ihnen der zweibeinige «Meutenführer» am andern Ende der Leine Respekt einflösst.

Wie überall aber kann man auch hier gelegentlich einmal einem ganz Frechen begegnen, einem Krakeeler, der um jeden Preis einen Streit vom Zaun bricht. Da nun bei jeglicher Gelegenheit derjenige im Vorteil ist,

der nicht vor sich hin in die Gegend döst, sondern konzentriert bei der Sache ist, die er gerade vorhat, hier also beim Spaziergang mit Bengo an der Leine, so tut in dieser Situation eine stets mitgeführte Rute oder Peitsche einem bösartigen Angreifer gegenüber prächtige Dienste. Denn der Grundsatz «Vorbeugen ist besser als in die Tinte geraten» gilt auch hier. Man sieht es ja kommen, wenn so ein cholerischer Aggressor knurrend und steifbeinig naht. Meine Erfahrung hat mich gelehrt: *ein* wohlgezielter Hieb über Hochdero Buckel, wohlgemerkt, *bevor* er zur Ausführung seiner schändlichen Absicht Gelegenheit hat! – und er nimmt tiefgekränkt Abstand davon, an einem Schwächeren sein Mütchen zu kühlen.

Ist man indessen zu zaghaft oder hat man, in Gedanken verloren, das Vorbeugen verpasst, und der Böse sitzt Bengo bereits im Genick, so dürfen wir unsern Kleinen nicht an der Leine wegzerren und ihm damit die Möglichkeit, sich zu verteidigen, nehmen. Auch schlagen nützt *nach* der Eröffnung der Feindseligkeiten nichts mehr, denn Hunde, die sich raufen, quirlen so geschwind umeinander, dass man seinen eignen zu treffen riskiert. Hier hilft nur noch eins: den Angreifer mit beherztem Griff am Schlafittchen packen und – wenn möglich – sein Halsband im Würgegriff zusammendrehen, damit

er wehrlos ist. Hoffentlich ist sein Besitzer in der Nähe, um ihn in Empfang zu nehmen, damit wir unbehelligt mit unserm empörten Bengo weitergehen können.

Hunderaufereien sind oft üble Geschichten. Wer sich einmischt, muss stets gewärtigen, selbst etwas abzubekommen, häufig in der Hitze des Gefechts vom eigenen Hund, der gar nicht weiss, wohin er beisst. Das Ratsamste ist also, wie betont, vorbeugen, es erst gar nicht so weit kommen lassen!

Handelt es sich um Störenfriede von grossem Format, so hilft am ehesten ein Eimer Wasser, tunlichst über den *Kopf* des Unholds gekippt. Aber das ist meist graue Theorie, denn wo bekommt man auf einem Spaziergang so rasch einen Eimer Wasser her?

Normalerweise benötigt Bengo keine besondere Pediküre, denn seine Fussnägel wetzen sich beim Spazierengehen und Umherspringen von selber ab. Höchstens bei älteren Hunden, die sehr bequem geworden sind, oder bei solchen, die zu viel auf weichem Boden laufen, muss man von Zeit zu Zeit den Tierarzt bitten, mit seiner Nagelschere nachzuhelfen. Das selbst zu tun, ist ist eine gefährliche Sache, weil in den Fussnägeln Blutgefässe liegen, die ein Unkundiger leicht anschneiden kann.

Fast alle Hunde haben aber an den Vorderläufen, innen, oberhalb des Fusses, noch eine kurze Zehe, etwas wie einen rudimentären Daumen, so wenig nutze wie

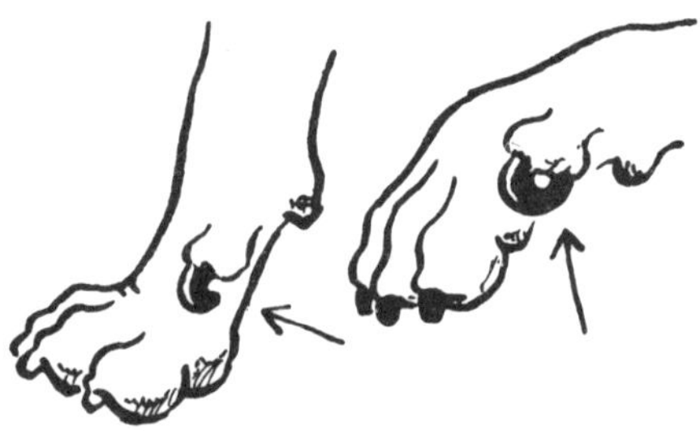

beim Menschen der Blinddarm, nichtsdestotrotz aber imstande, ein Wehweh zu verursachen. Dieses überflüssige Anhängsel wird deshalb bei unseren Gebrauchshunderassen meistens gleich nach der Geburt, gleichzeitig mit den sogenannten Afterkrallen an der Hinterhand, entfernt. Ist das verabsäumt worden, so wächst der Nagel an diesen überzähligen, ungebrauchten Zehen zuweilen ins Fleisch. Auch kann Bengo mit dem scharfen, krummen Ding leicht irgendwo hängen bleiben und sich schmerzhafte Verletzungen zuziehen. Beim Spielen und Anspringen kann er uns auch Kleider und Strümpfe zerreissen.

Wir müssen daher gut darauf achten, dass diese Krallen immer kurz gehalten werden. Das muss der Tierarzt mit der Nagelschere tun. Bengo wird uns für unsere Fürsorge dankbar sein.

Bange machen gilt nicht! Diese probate alte Schülerredensart, mit der man sich beim Schreiben von heiklen Klassenarbeiten Mut zusprach, sei auch unserm kurzen Hinweis auf die Krankheiten, die Bengos Leben bedrohen könnten, vorangestellt. *Beizeiten eingreifen,* sobald wir merken, dass irgendetwas «nicht stimmt» mit unserm Zögling, das ist meistens schon halbgewonnenes Spiel.

Alarmierende Anzeichen sind:

wenn Bengo häufig den Kopf schüttelt oder ihn dauernd schief hält: es kann eine Ohrenentzündung (Ohrzwang) sein;

wenn er sich immerfort kratzt und schabt und krampfhaft an irgendeiner Stelle des Felles herumbeisst: er kann eine Hautkrankheit oder Ungeziefer aufgelesen haben;
wenn er neben Appetitmangel – Futter verweigern ist so gut wie immer bedenklich! – unaufhörlich Durst zeigt: an seinem Magen oder seinen Nieren kann etwas in Unordnung sein;

wenn er hustet oder wenn seine Augen und seine Nase ein Sekret absondern: die verwünschte Staupe kann ihn gepackt haben.

Bei allen diesen Anzeichen messen wir sofort Bengos Temperatur, indem wir ein an der Spitze mit Vaseline eingefettetes Fieberthermometer (am besten aus Metall!) in seinen After einführen. Zeigt es nach drei Minuten

mehr als 39° C, so dürfen wir keine Minute zögern, mit Bengo den Tierarzt aufzusuchen, denn dann ist so gut wie immer Gefahr im Verzug. Jede Verzögerung kann sich bitter rächen!

Zum Trost sei gesagt, dass ein gut ernährter Welpe von kräftiger Konstitution, unter der Voraussetzung *rechtzeitiger* Behandlung durch einen guten Tierarzt und sorgfältiger Pflege, im allgemeinen mit allen «Kinderkrankheiten» fertig wird.

Mit seinem Geruchssinn ist uns Bengo turmhoch überlegen. Da macht es Spass – und ausserdem kann es sich später bei verschiedenen Gelegenheiten als nützlich erweisen – seine Fähigkeit, eine Fährte zu verfolgen und verlorene Gegenstände wiederzufinden, beizeiten ein wenig zu schulen.

Ohne dass er es merkt, lassen wir beim Spazierengehen einen Handschuh fallen. Zwanzig, dreissig Meter weiter lassen wir Bengo dann an unsrer Hand Witterung nehmen, fordern ihn auf «Such, verloren!» und gehen, dabei ständig mit dem Finger auf unsere Fährte am Boden weisend, bis zu dem *corpus delicti* zurück. Bengo ist ein kluges Kind – schwupp! stürzt er sich darauf und freut sich königlich, denn der Handschuh riecht für ihn köstlich nach der von ihm mit Hingebung geliebten Person.

Vor lauter Wonne schlägt er sich das teure Fundstück um die Ohren und kaut darauf herum, als wäre es ein Kalbsschnitzel. Doch das Kauen muss der geschickte Hundepädagoge sogleich unterbinden: mit Streicheln und Liebkosen muss er Bengo den Handschuh aus dem Maul heraus-loben. Die ganze Übung wäre ja verfehlt,

wenn der glückstrahlend gefundene Gegenstand verdorben würde. Daher: die Übung jeden Tag zwei- oder dreimal wiederholen, das Verlorene nach dem Auffinden stets schnell unter nachdrücklichem Lob wegnehmen: «Braver Bengo! Aus!» Ein Belohnungshappen, *nach* dem Hergeben gereicht, tut da Wunder.

An einer von uns gewünschten Stelle artig sitzen zu bleiben und auf uns zu warten, fällt Bengo *sehr* schwer. Er ist ein so lebhafter kleiner Wicht, obendrein von der sprichwörtlichen Neugier junger Hunde besessen, dass er seine kleine Nase immer überall mithineinstecken möchte. Allein bei vielen Gelegenheiten ist es nun einmal unumgänglich: er muss allein draussen bleiben. Die Post mag ihn nicht, im Schalterraum der Bank ist er unwillkommen, und in Lebensmittelläden hat er aus hygienischen Gründen mit seiner vorwitzigen Zunge schon gar nichts zu suchen. Wir fangen daher, wenn er etwa ¾ Jahr alt ist, langsam an mit der Lektion «Warte!» oder auch «Bleib da!» Zunächst versuchen wir,

ihm seine neue Aufgabe daheim in der Wohnung plausibel zu machen, indem wir ihn auf seine Lagerstatt verweisen und dabei den eben angeführten Befehl geben. Es wird bei den ersten Versuchen zweckmässig sein, ihn an der gewünschten Stelle anzuleinen.

Haben wir ihn nach häufiger geduldiger Übung so weit, dass er auf seinem Lager verharrt – auch zu Zeiten, die er nicht gewohnheitsmässig dort verbringt –, versuchen wir, die Lektion im Freien zu wiederholen. Es hilft seinem Hundeverstand zu leichterem Begreifen, wenn wir einen Gegenstand, den er liebt (beispielsweise sein Bringholz) vor ihn hinlegen, sobald wir ihn auffordern «Sitz!» und «Bleib da!» Der vertraute Gegenstand, den zu bewachen ihm sein Naturtrieb befiehlt, wird ihm die saure Zumutung, am Ort zu verharren, während sich sein Mentor entfernt, versüssen. Aber es ist wahrscheinlich, dass wir ihn mit dem Befehl, uns nicht zu folgen, zu viel zumuten: er lässt sein

Bringholz im Stich und rennt uns, *pleine carrière,* nach. In diesem Fall nehmen wir wieder die dünne Schnur zu Hilfe, die sich beim Appell-Lernen schon so gut bewährt hat; sie wird unauffällig am Halsband befestigt, die Leine zunächst ebenfalls. Bengo wird nunmehr am

gewünschten Ort mit der Leine «abgelegt», wie der fachmännische Ausdruck für diese Übung lautet. Mit anderen Worten: die Leine wird irgendwo angebunden. Wir befehlen «Bleib da!» und entfernen uns für kurze Zeit. Wenn wir zurückkommen, wird er gebührend gelobt, falls er brav gewartet hat, ohne zu winseln und zu bellen. Nachdem wir die Sache etwa an einem Dutzend Tagen jeweils zwei- bis dreimal auf diese Weise durchexerziert haben, erfolgt nun die Aufforderung «Bleib da!», während wir die Leine auffällig lösen, die Schnur aber unauffällig befestigen. Dann entfernen wir uns. Will Bengo uns nachspringen, so hindert ihn die Schnur. Meistens kapiert er jetzt nach einigen Wiederholungen, was wir von ihm wollen, und verharrt fortan, wo immer wir ihn heissen, es zu tun.

Mit Engelsgeduld muss man sich freilich wappnen, wenn man in diesem «Fach» Erfolg haben will. Die hundlichen Temperamente sind je nach der Rasse und auch individuell verschieden, und den Feuerköpfen geht eine so langweilige Sache wie es das Allein-irgendwo-Warten ist, gewaltig gegen den Strich.

Mit einem regelmässigen «Bad am Samstagabend» täten wir Bengo nichts Gutes an. Die von erfahrenen Züchtern aufgestellte Regel empfiehlt, Hunde im Alter von weniger als einem Jahr *nicht* ins Wasser zu stecken, weil die Erkältungsgefahr zu gross ist; auch ist ihr Haarkleid von der Natur ja eigentlich nicht für die Behandlung mit Seife geschaffen. Regelmässiges Kämmen und Bürsten ist für Bengo gesünder; ausserdem gibt

es das gute Trockenshampoo. Und haben ihn – man kann ruhig darüber reden, es kommt in den besten Familien vor! – Flöhe oder gar Läuslein befallen, so ist auch das im Zeitalter der Hygiene kein Grund zum Erröten und Händeringen: man wendet sich um Rat an seinen Drogisten, behandelt den Schwerenöter sorgfältig nach der Gebrauchsanweisung für das Mittel, und ab ist der Bart!

Selbstverständlich gibt es triftige Gründe, die gelegentlich ein Bad für Bengo unumgänglich machen. Vielleicht hat er sich in Russ, auf einem verwesten Fisch oder Vogel gewälzt – er schwärmt nun einmal für

Düfte, die uns einer Ohnmacht nahebringen, aber wer weiss, was *er* durch den Zwang, *unsere* Gerüche erdulden zu müssen, leidet! Ich kenne Hunde, die den eignen Herrn meiden, ja angreifen, wenn er dem Alkohol im Übermass zugesprochen hat. (Andere haben sich freilich angepasst und schlürfen mit. Sehr zum Wohl!...)

Ist ein Bad also notwendig, so geben wir in eine Wanne nur etwa handhoch laues Wasser, stellen Bengo

hinein und seifen ihn mit einer seinem Fell zuträglichen Spezial-Hundeseife beim Hals beginnend, am Körper fortfahrend, bis zur Rute hin gründlich ein. Zuletzt kommt der Kopf an die Reihe; hier muss man sehr vorsichtig sein, damit kein Seifenschaum in die Augen gerät. Dann spülen wir Bengo gründlich mit lauwarmem Wasser ab – kein Seifenrest darf im Fell verbleiben – frottieren unser Bademännchen und behandeln es, wenn irgend möglich, mit der Heissluftdusche (Fön), denn der Körper muss ganz trocken sein, wenn wir keine Lungenentzündung heraufbeschwören wollen. Nach dem

Bad lassen wir – und das macht die Baderei bei jungen Hunden zum Problem! – mindestens zwei Stunden vergehen, ehe wir ihn mit ins Freie nehmen.

Das alles gilt natürlich in erster Linie für die kühlen und kalten Jahreszeiten, also für Bäder im Frühling, Herbst und Winter. Bei wirklich warmer Witterung ist die Erkältungsgefahr nicht so gross, doch ist bei jungen Hunden auch hier Vorsicht geboten.

Gegen das Schwimmen *erwachsener* Hunde in Flüssen oder Seen ist an warmen Tagen vom Gesundheitsstandpunkt aus nichts einzuwenden, im Gegenteil: das Schwimmen ist eine gute, kraftfördernde Übung. Bei meinem Bengo halte ich mich jedoch auch in dieser Beziehung streng an die Regel, dass er erst ein Jahr alt sein soll, ehe er ins Wasser darf. Hat er die ersten zwölf Monate hinter sich, so mag er, wenn wir an einem schönen warmen Sommertag am See spazieren gehen, hineinspringen und sich tummeln nach Herzenslust – früher nicht!

Wer weniger vorsorglich ist, kann ihn schon mit sechs Monaten ans Wasser gewöhnen. Doch muss es dann sehr warm sein! Sicher hat er am Stöckchen-Bringe-Spiel, das er daheim im Trocknen schon so nett mit seinem Erzieher geübt hat, jetzt auch im nassen Element seinen Spass. Wenn er sein «Bringsel» so schön oben schwimmen sieht, patscht er vielleicht mutig hintendrein, gerät dabei unversehens ins tiefere Wasser, verliert den Boden unter den Pfoten und schwimmt mit der beneidenswerten Selbstverständlichkeit, die ihm die Natur, ohne dass er es erst mühselig erlernen müsste, zugebilligt hat.

Vielleicht ist ihm aber beim ersten Versuch das Wasser – zu nass! Winselnd weicht er zurück. Dann darf man Bengo auf keinen Fall mit Gewalt hineinzerren oder gar werfen, denn dadurch könnte er für sein Leben wasserscheu und überdies misstrauisch und ängstlich uns gegenüber werden, was wir doch unbedingt vermeiden wollen, weil wir wünschen, dass sein Vertrauen zu uns unbegrenzt bleibt.

Zeigt sich Bengo also furchtsam, dann heisst es: «Hannemann, geh du voran!» Tu's ihm vor, verehrter Herr Lehrer, geh selbst ins Wasser! Mindestens beim zweiten oder dritten Mal wird dir dein Bengo dann aus Liebe und Neugier folgen.

Etwas sollte in diesem Zusammenhang bedacht werden: viele Hunde gewinnen, haben sie's erst einmal probiert, eine solche Vorliebe fürs Wasser, dass sie später *bei jeder Gelegenheit* hineingehen. Das wirkt sich nicht immer angenehm aus, ganz sicher nicht, wenn wir etwa an einem unfreundlichen Herbsttag des klatschnassen Hundes wegen unsern Spaziergang sofort abbrechen müssen, um ihn zu Hause trockenreiben zu können. Und auch nicht, wenn wir gerade Freunde besuchen oder nach einem Spaziergang irgendwo einkehren wollen, denn dort können wir selbstverständlich nicht mit einem triefenden Bengo erscheinen. Deshalb bremse man die Wasserleidenschaft lieber beizeiten und halte gerade bei dieser Gelegenheit besonders auf guten Appell!

Wollen wir mit Bengo überall Ehre einlegen, müssen wir ihm wohl oder übel frühzeitig das von beinahe jedem jungen Hund mit ausgelassener Freude geübte Anspringen abgewöhnen. So lange er klein ist, könnten wir es hingehen lassen; aber wir sollten stets bedenken, wie sich solche Angewohnheiten auswirken, wenn Bengo erwachsen ist.

Ganz leicht ist das Unterbinden dieser Untugend nicht. Da unsere Kleidung dabei leicht zu Schaden kommt, müssen wir das Anspringen schon so bezeichnen, obwohl es uns selbst sicher zunächst auch Freude macht. An und für sich handelt es sich um einen völlig natürlichen Trieb; wir schliessen ja auch einen geliebten Menschen in die Arme und drücken ihn ab, wenn wir ihn lange nicht gesehen haben oder ihm unerwartet begegnen. Nur haben wir – das ist wenigstens zu hoffen – stets saubere Pfoten, Verzeihung, Hände, während Bengo mit diesen Extremitäten ständig den Bodenschmutz berührt.

Als vielerfahrener Hundeerzieher darf ich ein Geständnis vorausschicken: keine Lektion ist mir so unsympathisch wie diese, die darauf ausgeht, einem mir zärtlich zugetanen Geschöpf abzugewöhnen, mir in spontaner Seligkeit auf seine Art seine Freude und Zuneigung zu bekunden!

Allein, es hilft nichts, es muss sein (wenn auch mit Seufzen), denn die Stempel, die Hundepfoten bei schlechtem Wetter auf unsern Kleidern hinterlassen, erweisen sich zuweilen als so echt wie die Fingerabdrücke, die die Polizei den Verbrechern abnimmt.

Wie also sag ich's meinem Kinde? Am besten, wir überwinden uns gleich bei Bengos ersten kindlich-täppischen Versuchen, die Sache mit sanfter Konsequenz im Keime zu ersticken, indem wir ihn mit liebevollen Worten auf seine Haxen niederdrücken, dabei natürlich «Sitz!» sagen, und ihn streicheln, loben, kraulen und tätscheln. Denn auf gar keinen Fall soll er sein rührendes Vertrauen zu uns enttäuscht sehen; wir wollen seine impulsiven Freudenausbrüche ja lediglich so lenken, dass sie keinerlei Schaden anrichten können.

Ist die frühzeitige Belehrung verabsäumt worden und Bengo nun schon gross, so müssen wir allerdings etwas rauhere Massnahmen treffen, ihn mit einem energischen «Pfui!» und «Ab!» entweder am Halsband packen und niederdrücken, oder aber mit der Fusspitze leicht auf die Hinterzehen treten. Kommt der grosse Bengo sehr wild angesprungen, nützt es auch, ihn gegen unser geschwind hochgezogenes und angewinkeltes Knie springen zu lassen. Freilich setzt dieser kleine Trick ein leidlich turnerisch begabtes Herrchen voraus. Das macht den Umgang mit Bengo ja aber gerade so nützlich, dass er uns nolens volens zu Beweglichkeit und Jugendlichkeit verhilft. Also wieder ein Plus!

Kluge Ärzte sollten die Haltung eines Hundes geradezu verordnen, als bestes Mittel gegen Stubenhocken, Steifheit und Arterienverkalkung!

Die grossen Dienste, die die Spürhunde heutzutage der Polizei und Armee, die Jagdhunde seit ewigen Zeiten dem Jäger leisten, beruhen auf ihrem staunenswert entwickelten Geruchssinn.

Auch Bengo besitzt ihn, je nach der Rasse, der er angehört, mehr oder minder stark entwickelt.

Daher müssen wir, wenn wir mit unserm abenteuerlustigen, jede neue Entdeckung mit Leidenschaft erforschenden munteren Hundeknaben zum ersten Mal in den Wald gehen, uns klar darüber sein, dass ihm hier in der freien Natur unerhört interessante, ihn geradezu überwältigende Düfte in die neugierige Nase steigen: da ist eine Mäusefamilie über den Weg gehuscht, dort haben Krähen gesessen und die Reste einer Mahlzeit verzehrt, hier hat ein Eichkätzchen Bucheckern vom

Boden aufgesucht, und ein Stückchen weiter – uh, uh, noch ganz frisch! – stösst er auf die Fährte eines Wildkaninchens, das über den Weg hinüber ins Unterholz gehoppelt ist. Das übersteigt für Bengo alles bisher Dagewesene an Reiz! Zitternd, taub für unser Rufen, folgt er der Lockung, so geschwind ihn seine schon sehr behenden Beine tragen! Weg ist er!

Wir aber stehen da wie Herr Schmidt an der Ecke, hinter der die Gemütlichkeit aufhört, und malen uns derweil aus, was unserm Bengo alles blühen kann. Vielleicht verläuft er sich ausweglos, wird von bösen Menschen aufgegriffen und gequält. Vielleicht gerät er in seiner Unerfahrenheit und seinem blinden Jagdeifer in einen Kaninchen- oder Fuchsbau, bleibt mit dem Halsband an einer Wurzel hängen und verhungert elendiglich. Vielleicht erwischt ein Jäger unsern kleinen Nimrod und schiesst ihn ab. Die Haare stehen uns zu Berg! Wir beginnen abermals zu rufen, zu pfeifen, zu flehen... und haben für diesmal Glück – unser Dilettant hat die Kaninchenfährte verloren und kehrt aufgeregt hechelnd in unsere ihm liebend entgegengestreckten Arme zurück!

Dass wir ihn nicht strafen dürfen, wissen wir. Sein Naturtrieb ist einfach mit ihm durchgegangen und war – da Bengo ja noch in der Elementarklasse ist! – stärker als unsre Erziehung. Ein Jahr später – das verspreche ich zuversichtlich, selbstverständlich vorausgesetzt, dass alle in dieser Fibel gegebenen Ratschläge treulich befolgt werden! – wird es anders sein: Bengo wird dann den absoluten Appell besitzen, der in keiner Situation versagt!

Fürs Erste aber jetzt: bei Waldspaziergängen kommt er an die vielbewährte lange Schnur! Sie lässt seinem Bewegungsdrang und seiner Schnüffelleidenschaft ausreichenden Spielraum, hindert ihn aber, zu entwischen und uns in Sorgen um sein ungewisses Schicksal zurückzulassen.

Na? Hatte ich nicht gleich am Anfang, als Bengo ins Haus kam, davon abgeraten, ihm ein Körbchen zu kaufen? Aber natürlich, es sollte hübsch aussehen, man ist eitel!

Erstaunlicherweise hat er es nicht einmal zernagt, das Staatsstück ist unversehrt, bloss – Bengo ist darüber hinausgewachsen und fühlt sich jetzt so unbehaglich darin, wie ein Walfisch in einer Sardinenbüchse! Sein Blick spricht Bände!

So geht es natürlich nicht weiter! Wir müssen ihm eine ausreichend grosse Lagerstatt beschaffen, entweder einen grösseren Korb oder eine selbstgebastelte oder vom Schreiner angefertigte, auf niederen Füssen stehende Kiste, in der sich Bengo *ausstrecken* kann. Denn er liebt das Zusammenrollen durchaus nicht immer, sehr häufig wandelt ihn die Lust an, sich in seiner ganzen Länge auszudehnen und «alle Viere von sich gestreckt» zu schnarchen und zu träumen. Ja, besonders zu träumen! Wenn Hunde im Schlaf mit komisch abgehackten kleinen Lauten und zuckenden Läufen etwas verfolgen, – einen Traum-Feind, eine Traum-Braut, eine Riesenwurst, was weiss man?! – brauchen sie Platz. Somit heisst es wieder, das Portemonnaie zücken. Geschieht uns recht! Wer nicht hören will, muss fühlen! Und bitte gleich eine Matratze mit Kapok-, Stroh- oder Seegrasfüllung und *zwei* waschbare Bezüge aus Sackleinwand mitkaufen. Bengo, ein zivilisierter Hund mit feiner Bildung, hat ein Recht darauf, dass seine Bettwäsche ab und zu gewechselt wird!

Alle jungen Geschöpfe sind bewegungshungrig, wie nun erst Bengo! Hunde gehören bekanntlich zur Gattung der «Laufraubtiere»! Somit ist es geraten, Bengos Trieb, sich auszutoben, nachzugeben, so weit es die Umstände irgend gestatten.

Wohl tummelt er sich auch allein. Als verfüge er über Raketenantrieb, jagt er fünf, sechs, sieben Mal und mehr durch unsern Garten. Danach wirft er sich hin,

hechelnd, ausgepumpt! Tante Agathe will uns gerade Vorwürfe machen, wie wir es zulassen können, dass sich das arme Tier so abrackert – da springt er schon wieder auf, tanzt um sie herum und flitzt von neuem los. Er *braucht* das, seine Natur fordert es; Tante Agathe verkennt unsern kleinen Kraftmeier!

Ganz selig ist er, wenn wir mitspielen, ihm einen Ball zum Apportieren werfen oder ein Stück Holz (selbstverständlich aber niemals einen Stein oder einen Metallgegenstand, das würde seinen Zähnen schaden). Obwohl es ein Spiel ist und hauptsächlich seinem Bewegungsdrang ein Ventil öffnen soll, bestehen wir darauf, dass Bengo mit den von uns geworfenen Gegenständen nicht «türmt»; er muss sie vielmehr zurückbringen, wie er es beim Apportieren der Hausschuhe gelernt hat. Heute so und morgen anders zu handeln, ist bei der Hundeerziehung (bei der Erziehung von Menschenkindern, glaub' ich, nicht weniger) abwegig, denn dann muss man morgen ... von vorn anfangen! Wir wenden also unsre erprobte Zungenfertigkeit an, um Bengo dazu zu bringen, sein *Apportel* abzuliefern. Tut er es, wird er wie gewohnt gelobt und geliebkost; tut er es nicht, suchen wir wieder bei unsrer langen Zauberschnur Hilfe. Zur Regel machen wir uns, dass Bengo einen Gegenstand, etwa einen Ast, den er sich selbst gesucht hat, und mit dem er ohne unsere Aufforderung spielt, *nicht* herzugeben braucht. Stets jedoch den Gegenstand, den wir ihm hingeworfen haben mit dem Befehl: «Fass apport!» oder «Hol's!» Selbstverständlich heisst es, wenn er ihn bringt, stets: «Aus!»

«Aus!» rufen wir auch, wenn wir sein so überaus geliebtes Zerren an einem weichen Seil oder, viel besser, an einem Sack oder alten Stück Stoff beenden wollen.

Bengo hängt sich mit Leidenschaft unter grauslichem Knurren in den Sack. Wir tun ihm gern den Gefallen, das wunderschöne Spiel mit ihm anzuzetteln. Es ist für ihn der Ersatz des Raufens mit einem Gegner oder des Kleinkriegens einer Beute. Tüchtig soll er hineinfahren, mit Wonne den Bösen spielen, doch müssen wir ihm auch häufig den «Sieg» gönnen, damit er den Sack «erobert», mit ihm davongehen und ihn sich voller Triumphgefühl um die Ohren schlagen kann. Das stärkt seinen Mut, und wir wollen ja einen selbstbewussten Bengo grossziehen, der später auf dem Dressurplatz den Scheinverbrecher zur Strecke bringt und auch bei einem wirklichen Überfall furchtlos zubeisst.

Hin und wieder freilich müssen wir ihm bei dieser Gelegenheit unsere Macht als «Meutenführer» ins Gedächtnis rufen, indem wir das Spiel mit dem vielgeübten «Aus!» abbrechen. Er muss stets dessen eingedenkt bleiben, dass die Entscheidung darüber, *ob* und *wie lange* er einem Gegner zusetzen darf, bei uns liegt.

Da gelegentlich einmal sehr viel von der Befolgung des eben und vorher schon zu wiederholten Malen geübten Befehls «Aus!» abhängen kann, wollen wir uns gleich noch einmal damit befassen.

Bereits wenn Bengo im zarten Welpenalter dir oder deiner Freundin das erste Mal mit seinen nadelspitzen Milchzähnen die Strümpfe in irreparablen Zustand versetzt hat (Bengo-Baby wird es garantiert nicht bei dem einen Mal bewenden lassen, und wärest du ein pädagogisches Genie – ratsam ist es daher, Selbstgestrickte anzuziehen oder Langschäfter oder barfuss zu gehen, denn Schmisse in der Haut heilen von selbst wieder zu) – bereits bei diesen ersten quietschvergnügten Versuchen also, zum Zweck des Zerfledderns in ein «Tabu» zu beissen, muss das Wörtchen «Aus!» in Bengos kleine Ohren geklungen sein. Hat er es damals auch noch nicht mit Bewusstsein in sich aufgenommen, so hat er es doch im Lauf der Monate nun so häufig bei entsprechenden Gelegenheiten zu hören bekommen, dass er inzwischen einen klaren Begriff damit verbindet, den nämlich: «Leider verboten! Nix zu machen, da muss ich loslassen, da gibt meine Obrigkeit nicht nach!»

Um diese Erkenntnis recht fest in seinem Hundehirn zu verankern, nehmen wir alle paar Tage den alten Sack oder Lappen, mit dem wir im vorigen Abschnitt «Fass!» gespielt haben, und veranstalten einen kleinen Ringkampf mit dem Zweck, das bewusste Auslassen auf Geheiss zu üben. Wir können, da wir ja liebevolle Lehrer sind, den Belohnungshappen in Aktion treten lassen. Aber unser Ziel bleibt natürlich, Bengo absoluten Gehorsam einzuimpfen. Wenn er ein «Tabu» er-

wischt hat und damit das Weite suchen will, um es in seine Bestandteile zu zerlegen, muss unser Ruf «Aus!» wie ein Bann wirken, und unser entsprechend den Fähigkeiten seines Hundeverstandes sorgsam geschulter Bengo muss den betreffenden Gegenstand wie unter hypnotischem Zwang aus dem Fang lassen, gleichviel, ob es sich um unsern eignen Knirps-Schirm, um Lottchens Puppe oder Karlchens Teddybär handelt, den er in seinem Übermut erwischt hat.

Das einwandfreie Funktionieren dieser Übung kann uns gelegentlich grosse Peinlichkeiten und den Hinaus-

wurf aus unsrer Hunde-Haftpflichtversicherung ersparen. Man entgeht dadurch so verteufelten Situationen wie jener, in der ich einmal einen gepflegten alten Herrn vergeblich um Fassung ringen sah: sein ausgelassener Drahthaarfox hatte einer Dame den infolge unerwartet warmer Witterung statt um den Hals lässig überm Arm getragenen Silberfuchs entrissen und zerpflückte die Kostbarkeit, in sicherer Entfernung dahintänzelnd wie Jungfer Mariechen mit der Margeritenblüte: «Er liebt mich ... er liebt mich nicht ...» Sein ihn vergeblich – bald flehend, bald fluchend – beschwörender Meister liebte ihn in diesen Augenblicken *nicht,* das konnte man merken. Und die händeringende Besitzerin des verblichenen Fuchses noch viel weniger.

Ha! Bei unserm Bengo hätte *eine* Silbe genügt: «Aus!!» Wieviel Ärger wäre den Beteiligten erspart geblieben!

Es *muss nicht* sein und ist ganz sicher zum grossen Teil unsere eigene Schuld, wenn Bengo mit Nachbars Mieze (oder gar mit unsrer eignen) lebt wie «Hund und Katz», will sagen: in Feindschaft! Beim ersten Zusammentreffen beider rennt ein junger Hund meistens auf die den Buckel wölbende, fauchende Neuerscheinung zu. Einige selbstsichere, ihrer Kraft bewusste Kater und Katzen bleiben sitzen und empfangen den im Grunde harmlos neugierigen, keineswegs in aggressiver Ab-

sicht heranspringenden Hund mit Ohrfeigen, die ihn das Augenlicht kosten können. Die Mehrzahl der Mauzer nimmt allerdings Reissaus, fährt ab durch die Mitte, wie Beelzebub fauchend, zischend, spuckend, und Bengo saust hellentzückt hintendrein. Die Jagd endet am Fusse des nächsten Baumes oder Schrankes, auf den sich der gewandte Klettermax gerettet hat. Bellend vor Enttäuschung steht Bengo unten, leider nur zu oft noch von törichten Menschen aufgehetzt.

Ein wirklicher Tierfreund verhütet eine erste Begegnung nach diesem Muster, so weit es irgend in seiner Macht steht. Er versucht das Kennenlernen in freundliche Bahnen zu lenken, indem er Bengo am Halsband festhält, die Katze streichelt und beiden liebevoll zuredet.

Wenn man diesen Versuch recht häufig wiederholt, immer wieder mit Geduld und Sanftmut auf die Kontrahenten einwirkt, gelingt es oft, sie wenigstens *davon*

zu überzeugen, dass «Friede ernährt, Unfriede verzehrt.» Denn beide können, ist die Fehde erst offen ausgebrochen, einander mit Zähnen und Krallen empfindlich verletzen. Mindestens muss man sie zum «Leben und Leben lassen,» also zum Einander-aus-dem-Weg-gehen zu bringen versuchen.

Besonders reizend ist es natürlich, wenn man sie zu echter Freundschaft bekehren und paradiesische Liebe in ihre so völlig verschieden gearteten Gemüter pflanzen kann.

Bengo tritt eines Morgens zum Spaziergang an und – erstarrt vor Erstaunen: die Welt hat sich in weichen weissen Stoff eingewickelt! Wieder eine verblüffende neue Erfahrung in seinem jungen Hundeleben! Nach der Überwindung des ersten Schocks fasst er einen

kühnen Entschluss: «'rein ins Vergnügen!» Also, ihr Leute, das ist 'ne feine Sache! Genau so herrlich wie neulich, als das Daunenkissen auf der Couch seiner energischen Untersuchung erlag – ha, da stob und wogte es ebenfalls, dass es eine wahre Lust war! Die Hausfrau schluchzte und schimpfte allerdings. Und dann hiess es «Aus!» Ob dies hier erlaubt ist? Er riskiert einen Blick zum Herrn hin, doch der lächelt gerade und denkt: «Welch' allerliebstes Bild, unser Bengo im Schnee!» Fein, die Obrigkeit strahlt offensichtlich Billigung aus; nun geniesst er die neue Errungenschaft, springt darin herum, gräbt, überkugelt sich in der weichen Masse.

Und dann genehmigt er sich ein Mäulchen voll von der Pracht. Schau, 'mal 'was andres, so prickelnd kalt! Er kostet noch einen Happen und gleich noch einen.

Halt, junger Freund, hier hat der Spass ein Ende! Pfoten nass, Brust und Bäuchlein, der ganze Körper – und jetzt noch den eisigen Schnee in den Magen! Wenn wir da nicht eingreifen, verschaffen wir dem Tierarzt ein Honorar! Somit, verehrter Hundeerzieher, verhüte, so gut du es vermagst, dass Bengo Schnee frisst! Verhindere es mit allen Mitteln, lenke ihn ab, nimm ihn an die Leine, damit du ihn wenigstens besser unter Kontrolle hast. Wenn's schon nicht völlig zu verhüten ist –

denn unser kleiner Tollpatsch schleckt unentwegt weiter, sobald wir nicht darauf achten – muss man den Unfug wenigstens auf ein Mindestmass zu beschränken suchen, damit er sich nicht den Magen erkältet. Deshalb erhält Bengo, sobald wir nach Hause kommen – natürlich erst, nachdem wir ihn trockengerieben haben! – etwas warmen Tee oder Brei. Ist er noch sehr jung, sollte es überhaupt fürs erste bei Schneefall ausnahmsweise nur mit einem kurzen Spaziergang sein Bewenden haben. Hat sich Bengo nach ein paar Tagen daran gewöhnt, wird der Schnee ihn nicht mehr so sehr reizen. Es ist ohnehin zu viel davon vorhanden, als dass er hoffen könnte, das Zeug restlos zu vertilgen und seinen Rivalen nichts mehr übrig zu lassen! Er merkt inzwischen auch, dass Schnee geschmacklich keineswegs an Kalbsbraten erinnert. Und da wir ihm in weiser Vorsorge daheim vor dem Weggehen ein Schüsselchen Milch vorgesetzt haben, hat er kein Durstgefühl und gönnt den Schnee Dümmeren, Streunern und Gassenhunden, denen er – abgehärtet wie sie sind – wahrscheinlich nichts schadet, bei denen aber jedenfalls niemand ein Wort darüber verliert, wenn sie eingehen.

Meinem lieben Bengo zu seiner Zufriedenheit sein Bett zu machen, habe ich längst aufgegeben. Er zerstört das sorgsam faltenlos zurechtgestrichene Lager stets und wühlt es mit Vehemenz nach Hundegeschmack durcheinander. Es sprechen da Atavismen mit, Erinnerungen an seine wildlebenden Ahnen, die sich vor Jahrtausenden im hohen Steppengras durch mehrmaliges Umsichselberdrehen erst ein Lager niedertrampeln und zurechtkratzen mussten. Ein tiefverwurzelter dunkler Drang veranlasst Bengo, in seiner kultivierten Umgebung dasselbe zu tun. Es ist ihm völlig schnuppe,

was bei solch' rüder Behandlung aus unsern Blümchen- oder Pünktchenmusterbezügen oder gar aus der ihm von unsrer gutherzigen Tante Agathe dedizierten alten, aber wohlerhaltenen kleinen Steppdecke wird. Ihre Schönheit lassen sie, unsern Ordnungssinn kränken sie

– hin werden sie! Darum, o Hundefreund! – widme Bengo eine schlichte Stroh- oder Seegrasmatratze in waschbarer Sackleinwandhülle, leg' ein ausgedientes, derbes Plaid oder ein passendes Stück einer alten Wolldecke darüber, und du wirst sehen, wie prächtig energisch er sich diese Herrlichkeiten zurechtstaucht! Nach umständlichen Manipulationen wird er auf einem (für unsere Begriffe greulichen) Lumpengebirge sanftselig entschlummern, ein liebes Kind – kein Engel ist so rein!

Genau so ein Atavismus ist das Kratzen des Bodens nach der Verrichtung seines grossen Geschäftchens, das er hingebend und durch die Zwecklosigkeit des Beginnens unbelehrt auch auf dem Asphalt unserer Strassen vornimmt. An dieser Stelle tut es niemand weh!

Wenn er dieselbe Übung hingegen in städtischen Anlagen oder im wohlgepflegten Garten so leidenschaftlich vollführt, dass die Rasenfetzen fliegen, pflegt er keine Begeisterung zu erregen. Auch mit seiner Manie, Knochen zu vergraben nicht. Unleugbar ist es bitter, wenn er damit ins Tulpenbeet gerät oder gar in unserm trauten Heim unter einen Schrank, unter dem Minna nicht gerade täglich Staub putzt. Wir wundern uns dann über das penetrante Duftbukett und zeihen insgeheim biedere Handwerker oder Boten der Unsauberkeit, bis der wahre Urheber entdeckt wird.

Aber wie denn, wir besitzen doch Humor! So kleine Vergehen, aus Bengos Naturtrieben entstanden, niemals aus der Absicht, uns einen Schabernack anzutun, können unsrer Liebe zu ihm keinen Abbruch tun! Erfolgt die Fütterung unseres kleinen Raubtiers im Flur, in der Küche oder im Badezimmer unter unsern Augen, so ist es an uns, seine Sünden zu verhüten. Sind wir jedoch glückliche Besitzer eines Gartens oder eines Hofes, so wird sich ja wohl eine Ecke finden lassen, die für Bengo abgegrenzt und gleichsam sein Kinderzimmer ist, wo er spielen und Löcher graben kann, so viel er will. Es bedeutet für ihn nämlich eine Delikatesse, einen in der Erde mürbe gewordenen Knochen zu zernagen oder ein Stück Fleisch mit kräftigem Haut-gout auf der Zunge zergehen zu lassen. Es schadet ihm auch nichts; denn seine Magensäfte werden mit Dingen fertig, deren Genuss uns einen Expresstransport ins Krankenhaus einbringen würde.

Dem Herrn wie dem Hund, die unserm kleinen Lehrgang bis zum Schluss mit Fleiss und Ausdauer gefolgt sind, drücken wir hiermit anerkennend die Pfote!

Im Geiste überreichen wir Bengo ein Diplom, das ihm bestätigen soll, wie brav er sein Pensum gelernt hat. Gleichzeitig hoffen wir ihn damit zu ermuntern, auf dem erfolgreich beschrittenen Wege weiter zu wandern und das Gelernte von Zeit zu Zeit zu wiederholen. Denn hier wie auf jedem Gebiet gilt: Wer rastet, rostet!

Dem Erzieher aber wünschen wir zum Abschied von Herzen, er möge bewusst Bengos ganzes fröhliches, mit verständiger Liebe umhegtes Hundeleben lang das grosse, sich kaum jemals abschwächende Glück auskosten, das dem mit Empfänglichkeit dafür Begnadeten im nahen Beieinander mit einem verlässlich auf ihn eingespielten vierbeinigen Kameraden zuteil wird!

INHALTSVERZEICHNIS